战争与和平系列

七三一部队细菌战史图录

杨彦君 编著

中国和平出版社
China Peace Publishing House
北京

图书在版编目（CIP）数据

七三一部队细菌战史图录 / 杨彦君编著. -- 北京 : 中国和平出版社, 2025. 8(2025.8重印). -- (战争与和平系列).

ISBN 978-7-5137-3208-6

Ⅰ. K265.606

中国国家版本馆CIP数据核字第20251UB772号

ZHANZHENG YU HEPING XILIE　QI SAN YI BUDUI XIJUN ZHAN SHI TULU

战争与和平系列　七三一部队细菌战史图录　　杨彦君　编著

责任编辑　代新梅

封面设计　胡小梅

设计制作　张建永

责任印务　魏国荣

出版发行　中国和平出版社（北京市海淀区花园路甲 13 号院 7 号楼 10 层　100088）

www.hpbook.com　bookhp@163.com

出 版 人　林　云

经　　销　全国各地书店

印　　刷　涿州市荣升新创印刷有限公司

开　　本　710mm × 1000mm　1/16

印　　张　11

字　　数　50 千字

版　　次　2025 年 8 月第 1 版　2025 年 8 月第 2 次印刷

书　　号　ISBN 978-7-5137-3208-6

定　　价　88.00 元

版权所有　侵权必究

本书如有印装质量问题，请与我社发行部联系退换。电话：010-82093836

本书出版得到国家社科基金抗日战争研究专项工程
跨学科视域下细菌战罪行研究（21KZD004）项目支持

前言

2025年是中国人民抗日战争暨世界反法西斯战争胜利80周年，在这个具有重大历史意义的时间节点，中国和平出版社组织编写《七三一部队细菌战史图录》，旨在全面揭示第二次世界大战期间，七三一部队准备和实施大规模细菌战犯罪的历史真相，以文图实证呈现七三一部队建立、扩张、覆灭及战后影响的全过程，籍此表达牢记历史、不忘过去、珍爱和平、开创未来的坚定立场。

让历史说话、用史实发言。本书所选150余张图片，半数以上为新发现、新资料、新证据，多摘选自中国、日本、美国、俄罗斯相关公藏机构。主要有：侵华日军第七三一部队罪证陈列馆、黑龙江省文物考古研究所的遗址图片和实物图片；

日本国立公文书馆、防卫省防卫研究所的档案文献；美国国家档案馆、国会图书馆的炸弹图纸和实验报告；俄罗斯国家军事档案馆、国家电影照片资料档案馆的伯力审判现场照片，此外还有中日民间保存的细菌战部队有关历史图片。这些图片构成了七三一部队医学犯罪的证据链条，具有较高的实证价值、研究价值和出版价值。

德国学者米勒说："在一个没有历史的国家里，谁注入了记忆、定义了概念、解释了过去，谁就赢得了未来。"在历史与现实的交相呼应中，关于七三一部队的历史记忆、历史认识、历史叙事，不仅需要历史学者的持续调查研究，藉以保存真实的、完整的历史记录，更需要社会层面的认知、普及和推广，继而融入爱国主义教育、国防教育、和平教育活动之中，促使七三一部队遗址成为世界范围内"要和平、不要战争"的历史纪念地，这亦是本书编写和出版的初衷。

目录

第一章　七三一部队

七三一部队的本名为“满洲第七三一部队”，即关东军防疫给水部哈尔滨本部，隶属于关东军司令部，自1933年初建到1945年灭亡，不同时期曾使用石井部队、加茂部队、东乡部队、关东军防疫部、关东军第七三一部队、“满洲第二五二〇二部队”等名称。

1932年7月，日本陆军省批准设立陆军军医学校细菌研究室，12月扩建为防疫研究室，主要成员有石井四郎、西村英二、北川正隆、渡边廉、北条圆了、白川初太郎等人，他们是七三一部队正式组建之前的核心成员。1933年秋，石井四郎在防疫研究室基础上组建加茂部队并移驻哈尔滨，在今五常市秘密设立人体实验基地，对外称“石井部队”或“加茂部队”。

1938年6月30日，日本关东军司令部发布第1539号命令，强行划定了约120平方千米特别军事区域，七三一部队陆续移驻平房。1939年，七三一部队各种设施营建完成，兴建了细菌实验设施和特设监狱，以及办公、交通、生活等基础设施，核心区域占地总面积6.1平方千米。

1940年8月1日，七三一部队对外正式启用“关东军防疫给水部”这一名称。七三一部队组织机构庞大，设有基础研究部、细菌实验部、防疫给水部、细菌生产部、总务部、教育部、资材部、诊疗部，八部之外另设海拉尔支部、牡丹江支部、林口支部、孙吴支部、大连支部，以及安达野外实验场和城子沟野外实验场等。

据《关东军防疫给水部留守名簿》所载，七三一部队在1945年1月1日时有将官、佐官、技师、雇员等3497人。七三一部队的将官、佐官和技师占据了部队长、部长、支部长、课长、班长等要职，构成了“行政中枢”和“研究中枢”，是开展人体实验和细菌战研究的基本班底。

七三一部队有60余人持有博士学位，是当时日本医学界的“学术精英”，其作为“知识分子”本应代表社会良知，严格遵守国际公法和医学准则，具备职业操守并担当道义责任，但是他们完全蔑视并践踏法律、规则和伦理，在日本军国主义裹挟下以“国家利益、科学研究和医学发展”的名义，对人进行蓄意折磨、伤害和杀戮，干着人体实验和细菌战的罪恶勾当，犯下了无可置疑的战争罪和反人道罪。

图1-1　七三一部队本部航拍（1939年），七三一部队航空班、摄影班拍摄
（森村诚一：《恶魔的饱食》（续），光文社，1982年）

七三一部队全称为“满洲第七三一部队”，曾以石井部队、加茂部队、东乡部队、关东军防疫部、关东军防疫给水部、关东军第七三一部队、“满洲第七三一部队”及“满洲第二五二〇二部队”为部队代号。

图1-2　七三一部队本部航拍（1940年），七三一部队航空班、摄影班拍摄
（森村诚一：《恶魔的饱食》（续），角川书店，2008年）

关东军防疫给水部，即“满洲第六五九部队”，包括哈尔滨本部（“满洲第七三一部队”）、牡丹江支部（“满洲第六四三部队”）、林口支部（“满洲第一六二部队”）、孙吴支部（“满洲第六七三部队”）、海拉尔支部（“满洲第五四三部队”）、大连支部（“满洲第三一九部队”），七三一部队通常用来代指关东军防疫给水部。

图1-3 石井四郎（1892年6月25日—1959年10月9日）
（西里扶甬子：《生物战部队731》，草之根出版会，2002年）

石井四郎，七三一部队第一任、第三任部队长。1892年6月25日出生于日本千叶县山武郡千代田村。1916—1920年、1924—1926年就读于京都帝国大学医学部，1927年以《革兰氏阳性双球菌的研究》获得京都帝国大学医学博士学位。1928—1930年，赴欧洲搜集细菌战情报。先后任职于近卫兵师第三步兵团、东京第一陆军医院、京都卫戍医院、陆军军医学校；1932年7月晋升为军医少佐，创立陆军军医学校细菌研究室（后改为防疫研究室）；1933年8月，在哈尔滨创设加茂

图1-4　石井四郎

（《毕业纪念》，三眷堂合资会社，1920年）

部队；1935年8月1日，晋升为军医中佐；1938年3月1日，晋升为军医大佐；1941年3月1日，晋升为军医少将；1942年8月1日，调任华北派遣军第一军任军医部长；1945年3月1日，再任七三一部队长，晋升为军医中将，8月15日之后返回日本；战后多次接受美军调查官汤普森、费尔和希尔等人讯问；1947年接受苏联调查官斯米尔诺夫讯问，在美国庇护下逃脱战后审判；1955年加入七三一部队“战友会”之“精魂会”；1959年10月9日病死于东京，葬于东京月桂寺。

北野政次，七三一部队第二任部队长，日本兵库县人，1894年7月14日生；1920年11月26日毕业于东京帝国大学医学部；1926年11月25日，在东京帝国大学取得医学博士学位，博士论文题为《关于伤寒及副伤寒菌属血清耐性的实验性研究》；1929年8月1日晋军医少佐；1932年8月任职于东京第一卫戍医院兼陆军省医务局课员，随后兼任陆军军医学校教官；1933年1月12日赴欧美考察，9月11日返回日本；1935年8月1日晋升为军医中佐；1936年8月任“满洲医科大学”微生物学教授；1942年8月1日—1945年3月1日任七三一部队第二任部队长；后调任中国派遣军第十三军军医部长，1945年4月30日晋升为军医中将，8月15日之后成为战俘；1946年1月9日被释放，自上海返回日本；1946年、1947年多次接受美军汤普森、费尔和希尔的调查，1947年4月1日，向美军提交了17页《石井部队》笔供材料，在美军庇护下逃脱战后审判；1955年加入七三一部队“战友会”之“精魂会”；战后任日本人探险队第一期南极特别委员会委员，文部省百日咳研究会成员，绿十字株式会社东京分社社长；1986年5月17日病死。

图1-5　北野政次（1894年7月14日—1986年5月17日）
（太田昌克：《731免责系谱》，日本评论社，1999年）

图1-6　石井四郎（左二）在陆军军医学校防疫研究室前

（青木袈裟美：《“满洲”事变卫生纪念写真集》，陆军军医团，1933年）

石井四郎在陆军军医学校防疫研究室任职期间，于1932年11月21日，取得“细菌培养罐”发明专利；于1933年12月27日，取得“滤水器用应急停水装置”发明专利。

图1-7 “满洲第七三一部队”高等官团，于1943年6月25日第八个创立纪念日在七三一部队本部一栋前合影

（森村诚一：《恶魔的饱食》（续），角川文库，2008年）

部队长、部长、支部长、课长和班长构成七三一部队核心管理层和细菌战研究班底，将官、佐官和技师主导了七三一部队建立和扩张的全过程，是人体实验和细菌战的主体力量。

图1-8 七三一部队核心成员集体合影

（森村诚一提供）

第一排：左一川岛清、左二西俊英、左四川上渐、左五北野政次、左六菊池齐、右一大田澄、右二大谷章一等；第二排：左二石光薰、左四中留金藏、左五永山太郎、右一高桥传、右三园田太郎等；第三排：左一景山杏祐、左三田部井和等。

图1-9 1944年5月9日，关东军司令官梅津美治郎大将“视察”七三一部队，在本部一栋前合影

（七三一研究会：《细菌战部队》，晚声社，1996年）

前排左起：大田澄、大谷章一、梅津美治郎、川岛清、关东军参谋；后排左起：江口丰洁、田部井和、园田太郎、中留金藏、石光薰、永山太郎、伊地知俊雄、高桥正彦。

图1-10　石井四郎家族成员合影

（西里扶甬子：《生物战部队731》，草之根出版会，2002年）

1945年3月，东京大空袭之后，石井四郎全家迁到哈尔滨，图为石井四郎家族成员在哈尔滨吉林街宅院内合影。

图1-11　石井四郎家族成员在哈尔滨火车站，石井刚男（左一）、石井三男（右四、吸烟者）

（侵华日军第七三一部队罪证陈列馆藏）

图1-12 1941年2月，七三一部队训练场景

（侵华日军第七三一部队罪证陈列馆藏）

图1-13　1941年10月，七三一部队教育队干部训练“南方作战”出动前集体合影

（侵华日军第七三一部队罪证陈列馆藏）

图1-14　1942年3月29日，第十一届日本医学总会第九部微生物学分科会在东京大学安田讲堂前合影；前排左起第五人是石井四郎，前排右起第四人是北野政次

（常石敬一：《医学者们的组织犯罪：关东军第七三一部队》，朝日新闻社，1994年）

图1-15 七三一部队东乡神社落成仪式
（七三一研究会：《细菌战部队》，晚声社，1996年）

图1-16　七三一部队列队集合

（七三一部队少年兵须永鬼久太保存）

图1-17 七三一部队教育部合影

（七三一部队少年兵须永鬼久太保存）

图1-18　七三一部队教育部合影，其中有“少年见习技术员”多人

（七三一部队少年兵须永鬼久太保存）

图1-19 七三一部队少年班部分成员合影

（七三一部队少年兵须永鬼久太保存）

图1-20　七三一部队成员在“东乡宿舍”附近活动

（七三一部队少年兵须永鬼久太保存）

图1-21 七三一部队航空班和修理班成员在平房合影

（森正孝提供）

图1-22　七三一部队航空班成员合影，第二排右二为冲岛袈裟春

（森正孝提供）

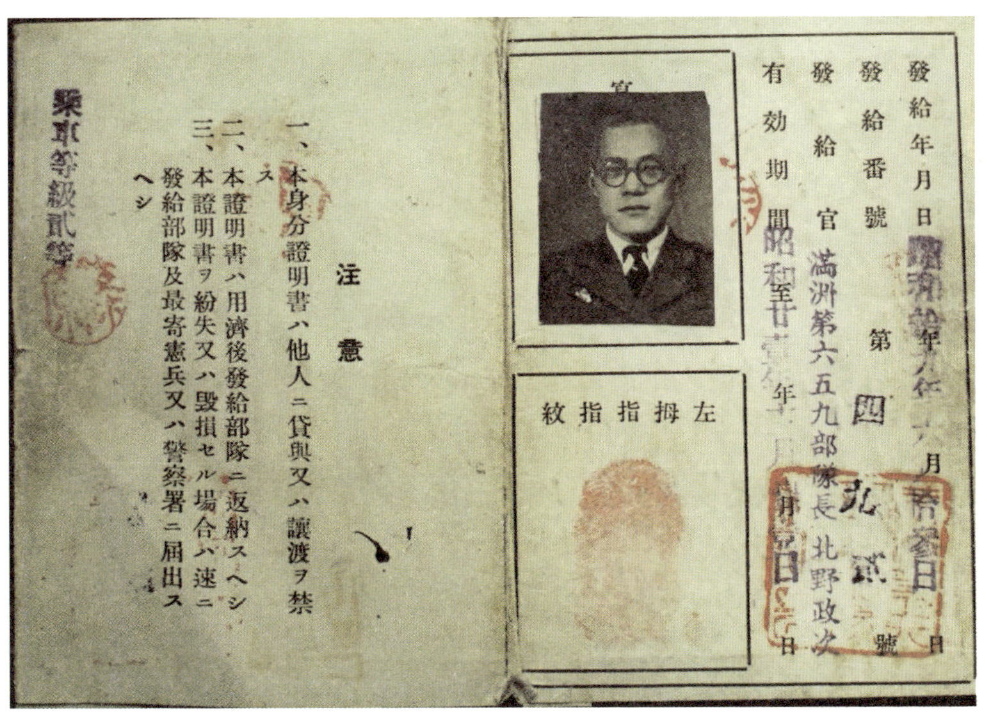
發給年月日　年　月　日
發給番號　第四九貳號
發給官　滿洲第六五九部隊長北野政次
有効期間　年　月　日
左拇指指紋

注意
一、本身分證明書ハ他人ニ貸與又ハ讓渡ヲ禁ス
二、本證明書ハ用濟後發給部隊ニ返納スヘシ
三、本證明書ヲ紛失又ハ毀損セル場合ハ速ニ發給部隊及最寄憲兵又ハ警察署ニ届出スヘシ

乘車等級貳等

图1-23　七三一部队成员冲岛袈裟春的身份证明书（发放时间是1944年6月13日，发证者为满洲第六五九部队长北野政次，编号为第492号，有效期为1年，有左拇指指纹印，乘车等级为二等）

（森正孝提供）

证明书附注：

一、本身份证明书禁止出借或转让给他人。二、本证明书使用完毕后须返还发证部队。三、本证明书遗失或损毁，须立即向发证部队及最近宪兵队或警察署申报。

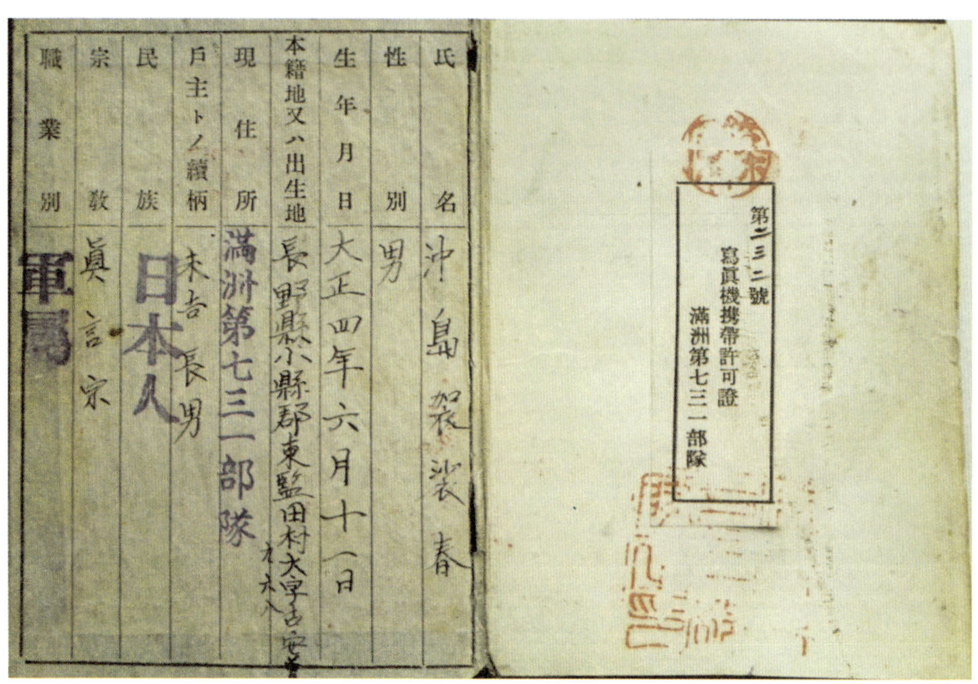

第二三二號
寫眞機携帶許可證
滿洲第七三一部隊

氏名	沖島袈裟春
性別	男
生年月日	大正四年六月十一日
本籍地又ハ出生地	長野縣小縣郡東塩田村大字古安
現住所	滿洲第七三一部隊
戸主トノ續柄	末吉長男
民族	日本人
宗教	眞言宗
職業別	軍屬

图1-24　七三一部队成员冲岛袈裟春的照相机携带许可证（编号为232号，有姓名、性别、出生日期、原籍、住所、民族、宗教、职业等信息栏）

（森正孝提供）

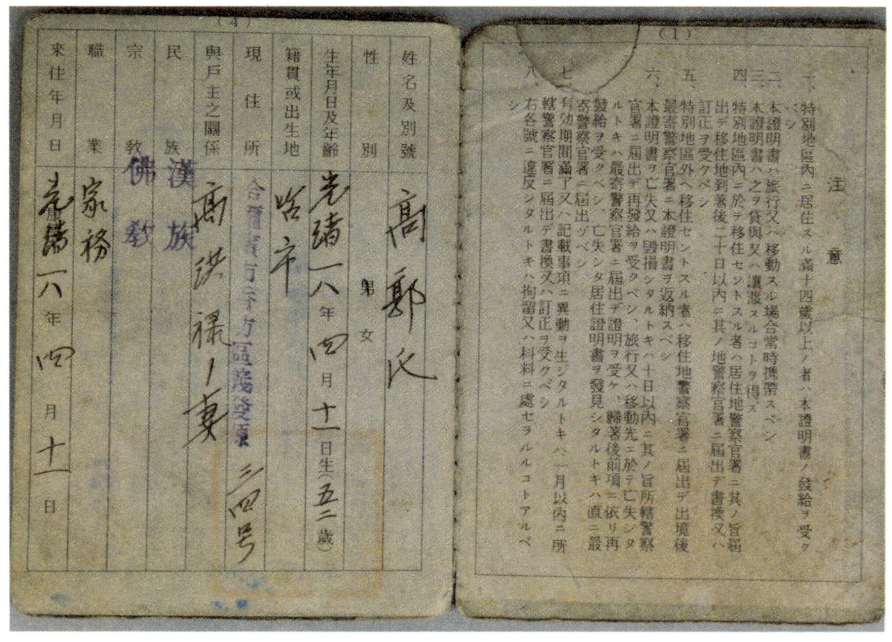

(4)

姓名及別號	高郭氏
性別	女
生年月日及年齡	光緒一八年四月十一日生(五二歲)
籍貫或出生地	哈市
現住所	哈爾濱市香坊區義發源三四号
與戶主之關係	高洪祿ノ妻
民族	漢族
宗教	佛教
職業	家務
來住年月日	光緒一八年四月十一日

(1)

注意

一、特別地區內ニ居住スル滿十四歳以上ノ者ハ本證明書ノ發給ヲ受クベシ

二、本證明書ハ旅行又ハ移動スル場合常時携帶スベシ

三、本證明書ハ之ヲ貸與又ハ讓渡スルコトヲ得ス

四、特別地區內ニ於テ移住セントスル者ハ居住地警察官署ニ其ノ旨屆出デ移住地到着後二十日以內ニ其ノ地警察官署ニ屆出デ書換又ハ訂正ヲ受クベシ

五、特別地區外ヘ移住セントスル者ハ移住地警察官署ニ屆出デ出境後最寄警察官署ニ本證明書ヲ返納スベシ

六、本證明書ヲ亡失又ハ毀損シタルトキハ十日以內ニ其ノ旨所轄警察官署ニ屆出デ再發給ヲ受クベシ、旅行又ハ移動先ニ於テ亡失シタルトキハ最寄警察官署ニ屆出デ證明ヲ受ケ、歸著後前項ニ依リ再發給ヲ受クベシ、亡失シタ居住證明書ヲ發見シタルトキハ直ニ最寄警察官署ニ屆出ヅベシ

七、有效期間滿了又ハ記載事項ニ異動ヲ生ジタルトキハ一月以內ニ所轄警察官署ニ屆出デ書換又ハ訂正ヲ受クベシ

八、右各號ニ違反シタルトキハ拘留又ハ科料ニ處セラルルコトアルベシ

图1-25 平房特别军事区域居民的身份证明书内页之一（该证明书持有者姓名是高郭氏，住所是哈尔滨市香坊区义发源三四号）

（侵华日军第七三一部队罪证陈列馆藏）

平房特别军事区域总占地面积约120平方千米，特别军事区域所在地居民凡年满14周岁者需持有伪哈尔滨市警察局香坊警察署颁发的居住证明书。居住证明书被要求随身携带，随时接受军警宪特的检查。外来人员也须到警察署登记办理临时居住证明书，离开此区域还要注销所办手续。

证明书附页记有八条注意事项：

一、居住在平房特别军事区域内满十四岁以上者须申领此证明书。二、旅行或者出行时须随身携带。三、本证明书不得出借或转让。四、在平房特别军事区域内迁居者须向居住地警察署申报，在抵达移居地后二十日内，须向移居地警察署申请变更。五、迁居到平房特别军事区域以外者须向移居地警察署申报，出境后须将此证明书上交给最近的警察署。六、此证明书丢失或损毁时，须在十日内向主管警察署申请再次发放；若在旅行或外出时丢失，须向最近的警察署申请证明，返回后凭上述证明申请再次发放；如有人发现丢失的居住证明书须立即向最近的警察署申报。七、有效期满或记载事项有所变动时，须在一个月内向主管警察署申请变更。八、对违反上述各项者处以拘留或罚款。

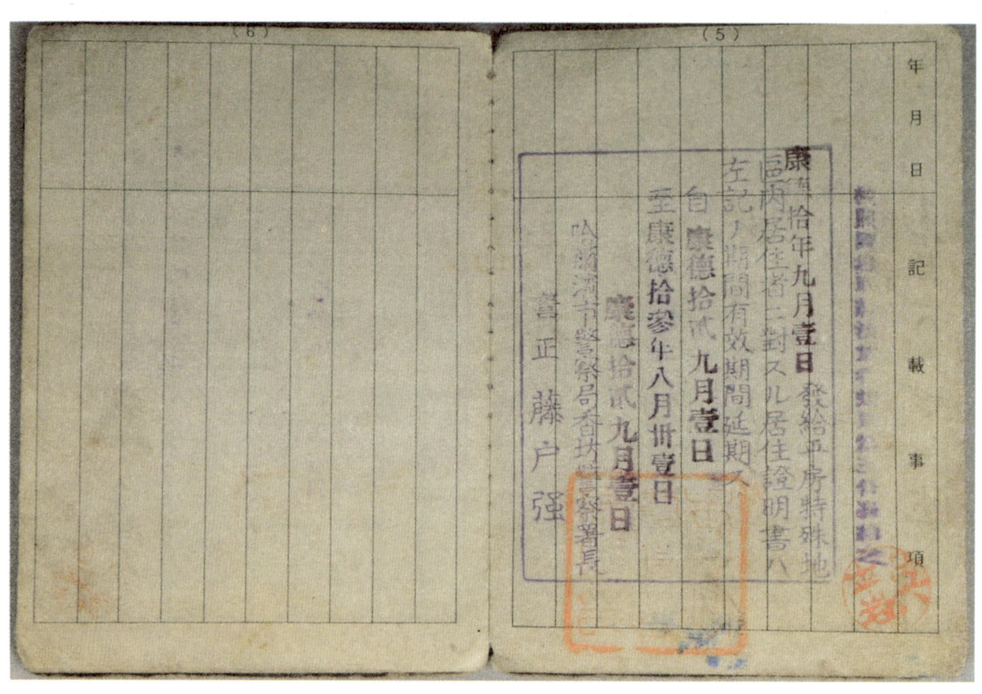
(6)

(5)

年月日 記載事項

康德拾年九月壹日發給平房特殊地
區内居住者ニ對スル居住證明書ハ
左記ノ期間有效期間延期ス
自康德拾貳九月壹日
至康德拾參年八月卅壹日
康德拾貳九月壹日
哈爾濱市警察局香坊警察署長
警正 藤户强

图1-26　特别军事区域居民的身份证明书内页之二（盖有哈尔滨市警察局香坊警察署长印，记有警正藤户强签发的证明书有效期延长事项）

（侵华日军第七三一部队罪证陈列馆藏）

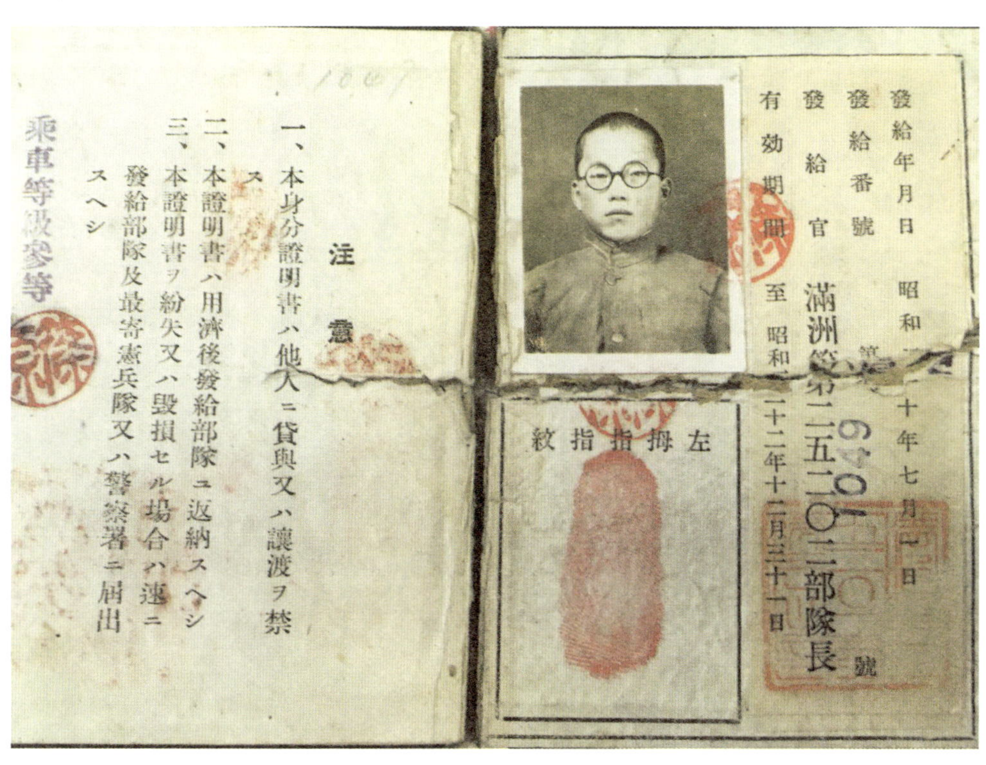

發給年月日 昭和二十年七月一日
發給番號 第 號
發給官 滿洲第二五二〇二部隊長
有効期間 至昭和二十二年十二月三十一日

左拇指指紋

注意
一、本身分證明書ハ他人ニ貸與又ハ讓渡ヲ禁ス
二、本證明書ハ用濟後發給部隊ニ返納スヘシ
三、本證明書ヲ紛失又ハ毀損セル場合ハ速ニ發給部隊及最寄憲兵隊又ハ警察署ニ届出スヘシ

乘車等級參等

图1-27 “满洲第二五二〇二部队”签发的长沼久夫的身份证明书

（七三一部队少年兵长沼久夫保存）

根据1945年4月20日《陆军部队战时通称号规定》，“满洲第七三一部队”通称号变更为“满洲第二五二〇二部队”。证明书发放时间为昭和二十年（1945年）七月一日，发给编号是1049号，发给官是“满洲第二五二〇二部队长”，有效期至昭和二十二年（1947年）十二月三十一日。左侧标识有乘车等级为三等，另有注意事项。

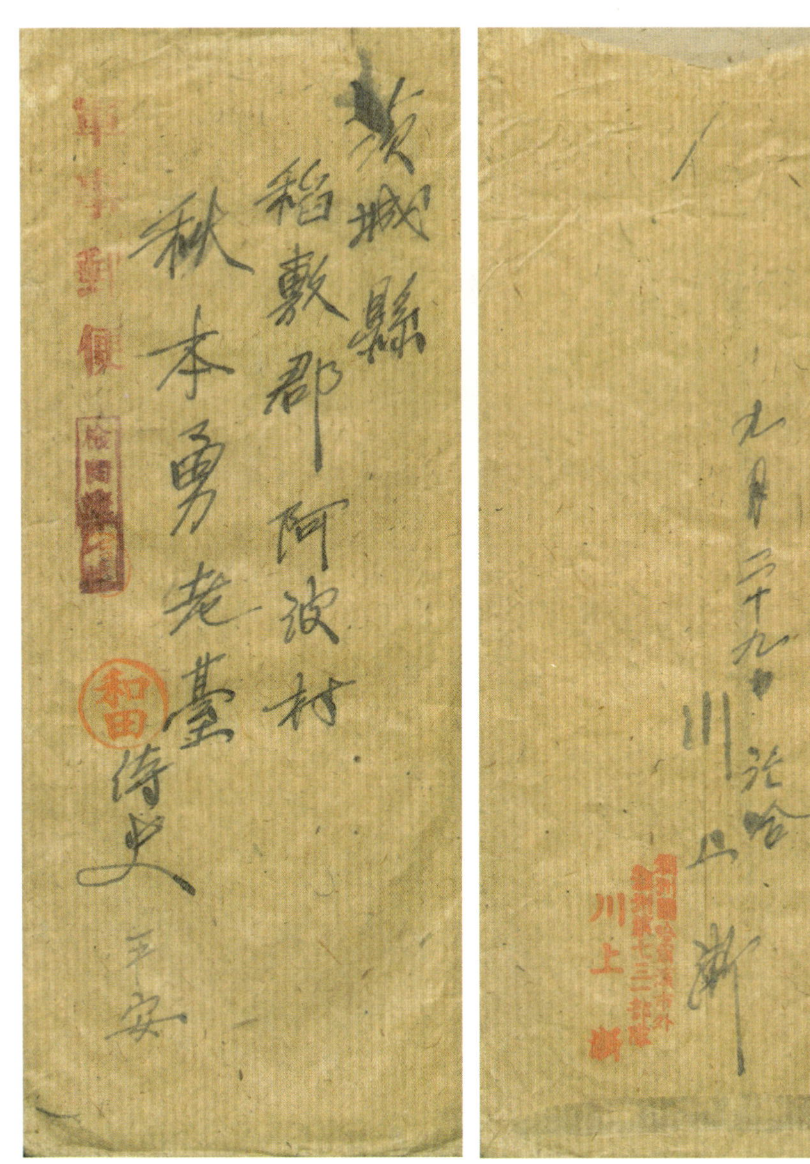

图1-28　川上漸寄给秋本勇信函的外封

（侵华日军第七三一部队罪证陈列馆藏）

此信函外封正面盖有“军事邮便”红色墨章，背面有川上漸的签名，以及川上漸专用红色墨章“满洲国哈尔滨市外满洲第七三一部队川上漸”。川上漸，1909年毕业于京都帝国大学医学部，“芝兰会”哈尔滨分会成员，1938年3月加入七三一部队并任调查课长。

第二章　人体实验·细菌战

1933—1945年，七三一部队进行了大规模人体实验和细菌战。七三一部队专门建立了人体实验核心区域四方楼，设置了鼠疫研究班、炭疽研究班、霍乱研究班、病毒研究班、病理研究班、血清研究班、冻伤研究班和赤痢研究班等，秘密进行鼠疫、炭疽、霍乱、伤寒和鼻疽等人体实验。

七三一部队人体实验的“受试者”来自“特别移送”。“特别移送”，日文写作“特移扱”，是关东宪兵队、警察局、保安局、特务机构和七三一部队内部使用的专有名词，指的是将被捕的抗日人员，不经法庭审判而直接进行秘密审讯，并将审讯报告逐级上报，经批准后将其秘密移送到七三一部队这一过程。“特别移送”受害者普遍经历了被捕、审讯、酷刑、移送、关押、实验、解剖、焚尸等残酷过程，其中大多数人死于各种细菌实验室、病理解剖室或野外实验场，还有一部分人在七三一部队溃逃前夕被集体虐杀。七三一部队人体实验受害者有中国人、苏联人和朝鲜人等，川岛清在伯力审判时供述：从1940年到1945年，至少有3000人被用作人体实验材料。

七三一部队为准备和实施细菌战，征购了大量黄鼠、白鼠、兔子等作为实验动物，并为传播疾病培植了大量跳蚤、蚊子等传染媒介物，对细菌制剂、细菌战术及细菌炸弹进行了大规模野外人体实验和动物实验。仅在1940年至1942年间，七三一部队在吉林农安、大赉，浙江衢州、宁波，湖南常德，江西上饶、广丰、玉山等地实施了鼠疫细菌作战，导致上述区域暴发鼠疫大流行，造成了难以想象的人间灾难。

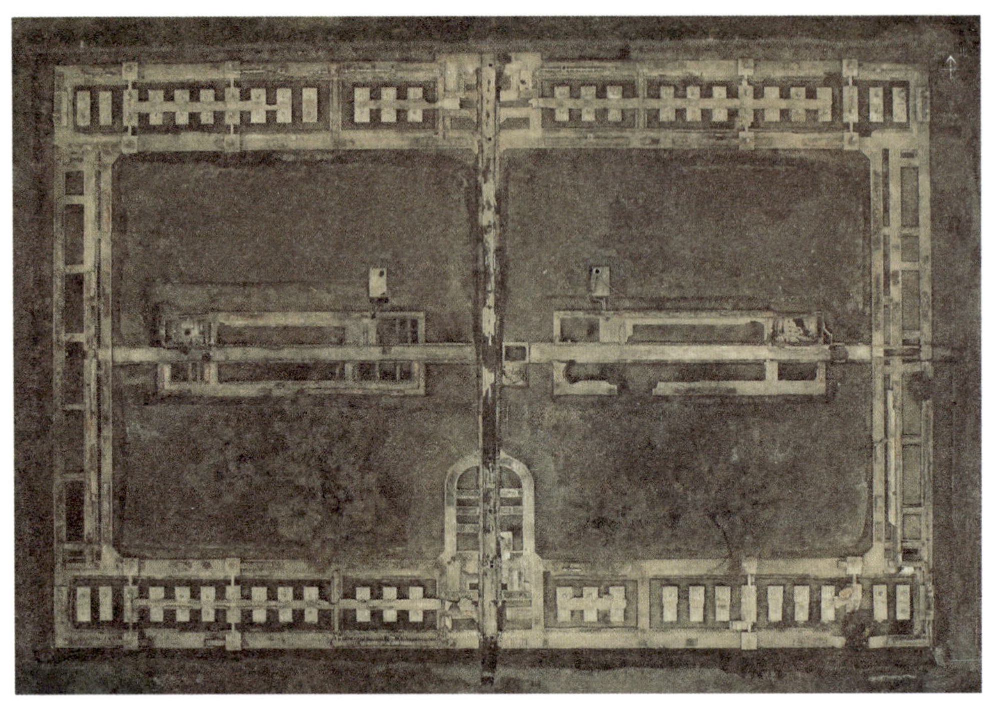

图2-1 四方楼遗址航拍图

（《侵华日军第七三一部队旧址细菌实验室及特设监狱考古发掘报告》，科学出版社，2018年）

四方楼，长约150米，宽约100米，因其建筑外观呈长方形而得名，也被称为“口字栋”，由细菌实验室3栋、4栋、5栋、6栋以及“特设监狱”7栋、8栋组成，是七三一部队人体实验犯罪核心区域。正南侧建筑当时被称为3栋，顺时针方向依次是4栋、5栋、6栋。以中间南北向的廊道为间隔，四方楼院内分成东西两个空院落，院落内各有一座“特设监狱”，西侧为“特设监狱”7栋，东侧为8栋。据七三一部队总务部长川岛清少将在伯力审判时供认：每年大约有400到600人被送往“特设监狱”，用作人体实验材料。1940年到1945年有3000人被用作人体实验材料。管理“特设监狱”的是特别班，班长是石井四郎的兄长石井刚男。“特设监狱”曾关押中国人、朝鲜人和苏联人等，这些人全部被强制作为“受试者”，遭残害致死，无一生还。

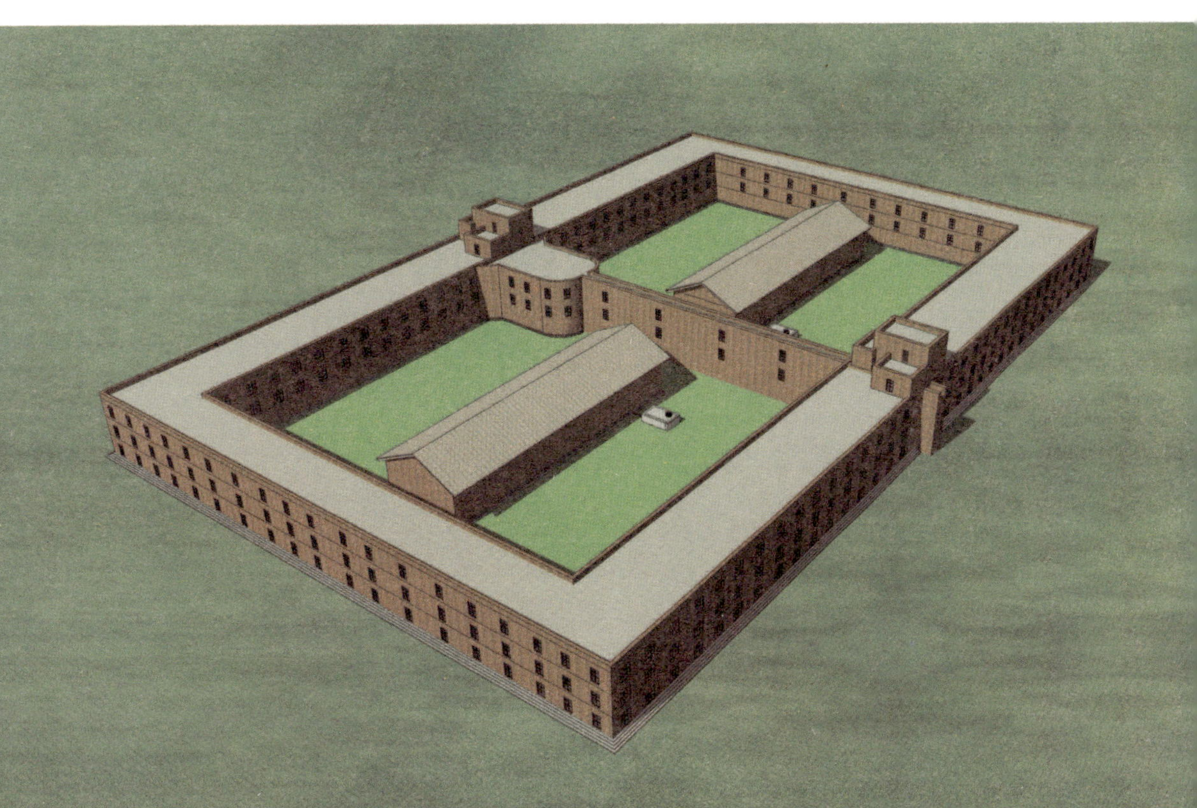

图2-2 四方楼遗址复原图
（《侵华日军第七三一部队旧址细菌实验室及特设监狱考古发掘报告》，科学出版社，2018年）

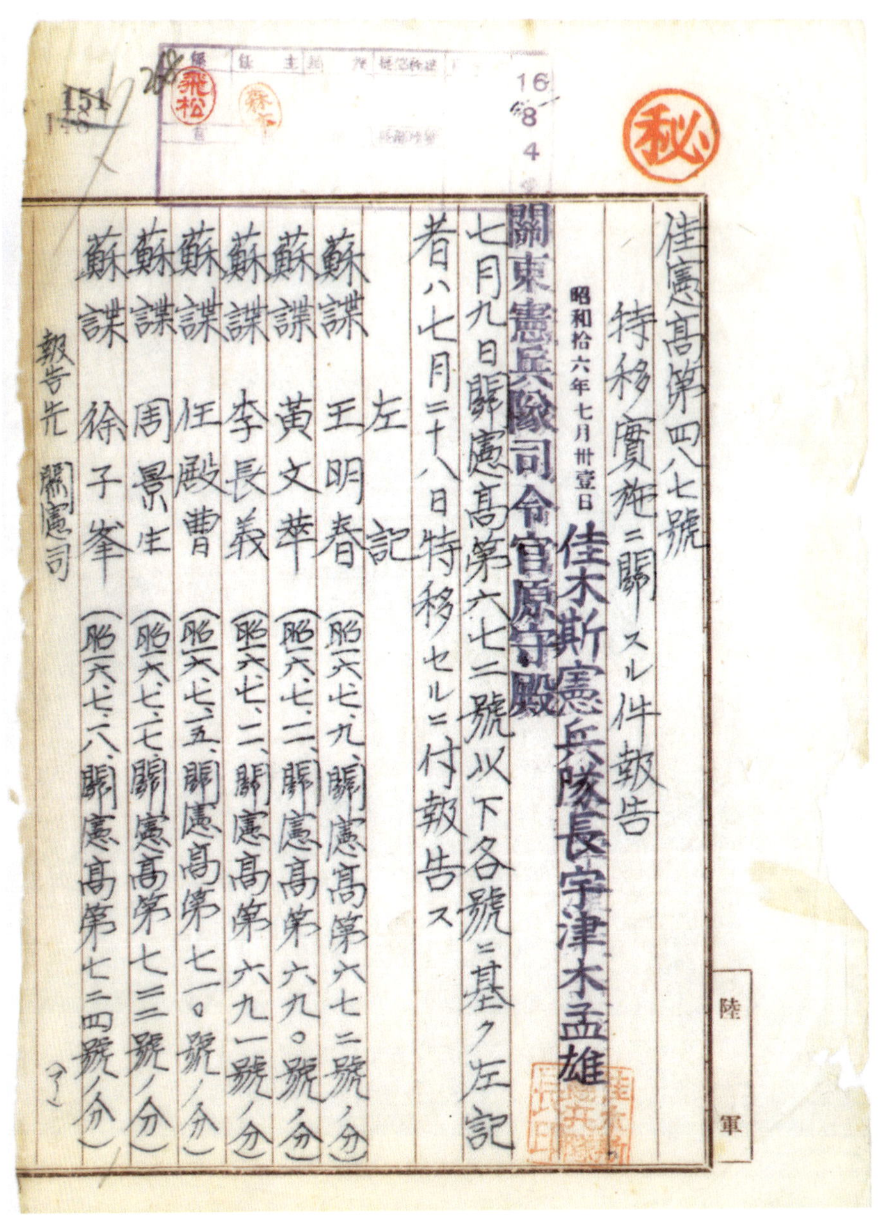

秘

佳憲高第四八七號

特移實施ニ關スル件報告

昭和拾六年七月卅壹日 佳木斯憲兵隊長 宇津木孟雄

關東憲兵隊司令官原守殿

七月九日關憲高第六七二號以下各號ニ基ク左記者八七月二十八日特移セルニ付報告ス

左記

蘇諜 王明春（昭一六、七、九關憲高第六七二號ノ分）

蘇諜 黃文華（昭一六、七、二關憲高第六九〇號ノ分）

蘇諜 李長義（昭一六、七、二關憲高第六九一號ノ分）

蘇諜 任殿曹（昭一六、七、五關憲高第七一〇號ノ分）

蘇諜 周景生（昭一六、七、七關憲高第七三三號ノ分）

蘇諜 徐子峯（昭一六、七、八關憲高第七二四號ノ分）

報告先 關憲司

（了）

陸軍

图2-3 “特别移送”档案之一

（黑龙江省档案馆：《侵华日军关东宪兵队“特殊输送”档案汇编》，中华书局，2021年）

本图是1941年7月31日佳木斯宪兵队致关东宪兵队司令官的报告，申请将王明春、黄文翠、李长义、任殿曹、周景生、徐子峰6人“特别移送”。

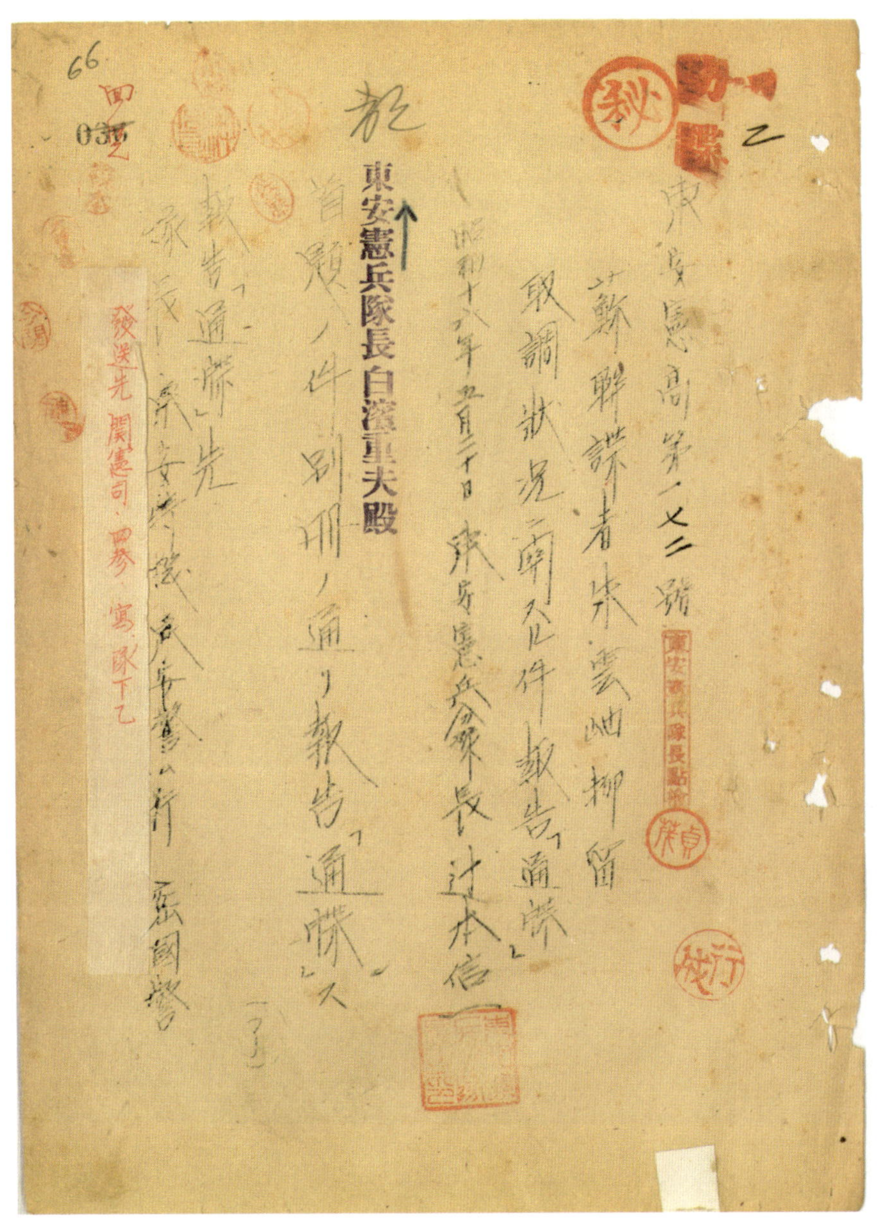
秘

二

東安憲高第一七二號

蘇聯諜者朱雲岫抑留取調状況ニ関スル件報告（通牒）

昭和十六年五月二十日 東安憲兵分隊長 辻本信

東安憲兵隊長白濱重夫殿

首題ノ件別冊ノ通リ報告（通牒）ス

報告通牒先

發送先 関憲司、四参、寫、隊下乙

（了）

图2-4 “特别移送”档案之二

（黑龙江省档案馆：《侵华日军关东宪兵队“特殊输送”档案汇编》，中华书局，2021年）

本图是1941年5月20日东安宪兵分队长辻本信一致东安宪兵队长白滨重夫的报告（东安宪高第一七二号），申请将朱云岫“特别移送”。

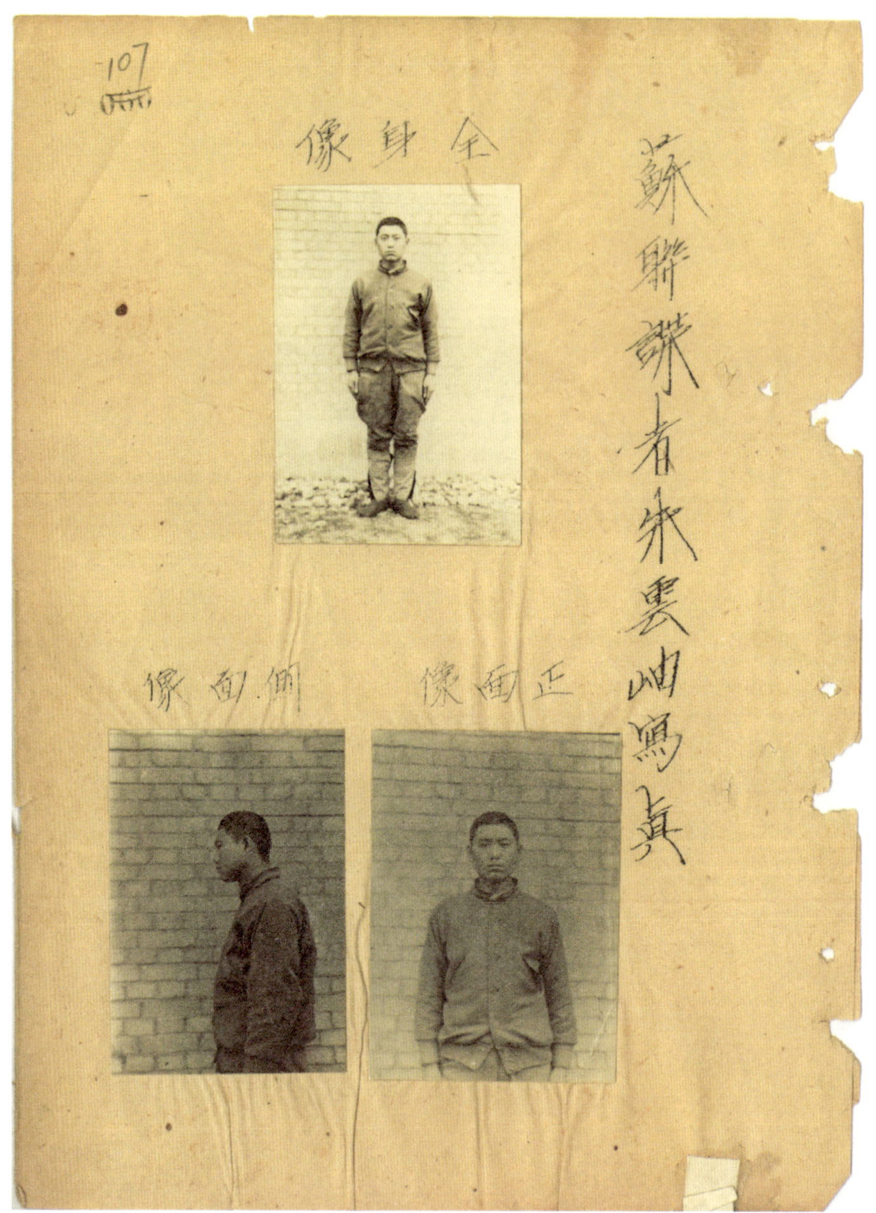

图2-5　人体实验受害者朱云岫像，东安宪兵分队拍摄

（黑龙江省档案馆：《侵华日军关东宪兵队“特殊输送”档案汇编》，中华书局，2021年）

图2-6　人体实验“受试者”在移送途中

（西里扶甬子供图）

这张照片是七三一部队冻伤班成员田中信一拍摄的，旁边的日文也是田中信一所写：“这张照片里的人是中国八路军俘虏。这是把他们示众时拍的，把他们送到牢里的时候都要戴上脚镣，不把他们当人，把他们当作原木或化学武器实验品。”

この写真は昭和二十年の三月
私共憲兵と一所に山海関に捕虜
を接收に行き機関車の前に立って
いるのは私しですが、捕虜が逃げた時に
射殺ができる様にピストルを持って
警戒にあたっている姿です

图2-7　七三一部队冻伤班成员田中信一

（西里扶甬子供图）

照片旁边写有："1945年3月，我们和宪兵一起去山海关接收俘虏，照片里那个人就是当时站在火车头前的我。我带着手枪，一旦俘虏逃跑，我就可以及时射杀，照片所拍的就是我警戒时的样子。"

"特别移送"，日文写作"特移扱"，是七三一部队同关东宪兵队、警察局、保安局、特务机构内部使用的专有名词，是七三一部队人体实验"受试者"之源。日军将被"特别移送"的人称为"行李""马路大"，这些人经历了被捕、刑讯、押送、接收、囚禁、实验等过程，最终全部被七三一部队以人体实验、活体解剖、细菌感染等方式残害致死。

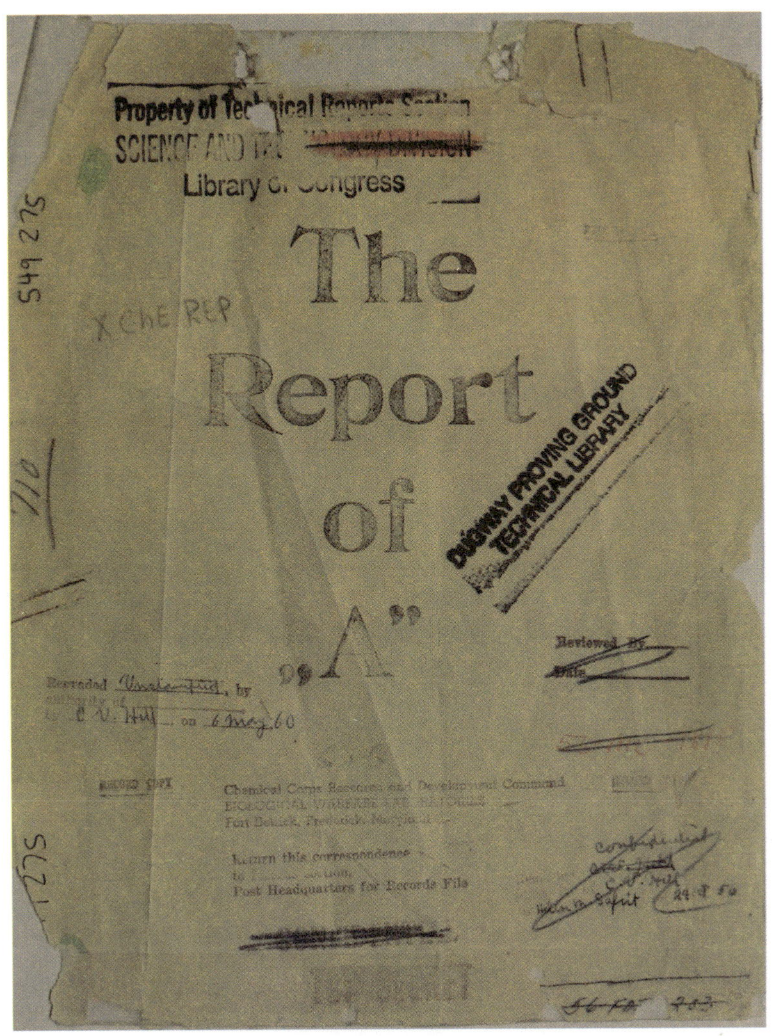

图2-8　七三一部队炭疽人体实验《A报告》封面
（美国国会图书馆藏）

《A报告》中的A代指“Anthrax”，意为炭疽菌。该报告一共有406页，记载了七三一部队使用32个人进行炭疽菌人体实验的详细数据。报告中记载了32个受试者的有关情况，经皮肤感染1人，经口服感染9人，经鼻腔呼吸感染22人，以及这32人的心、肝、脾、肺等19个器官感染和病理变化的数据。“受试者”经过人体实验后全部死亡。

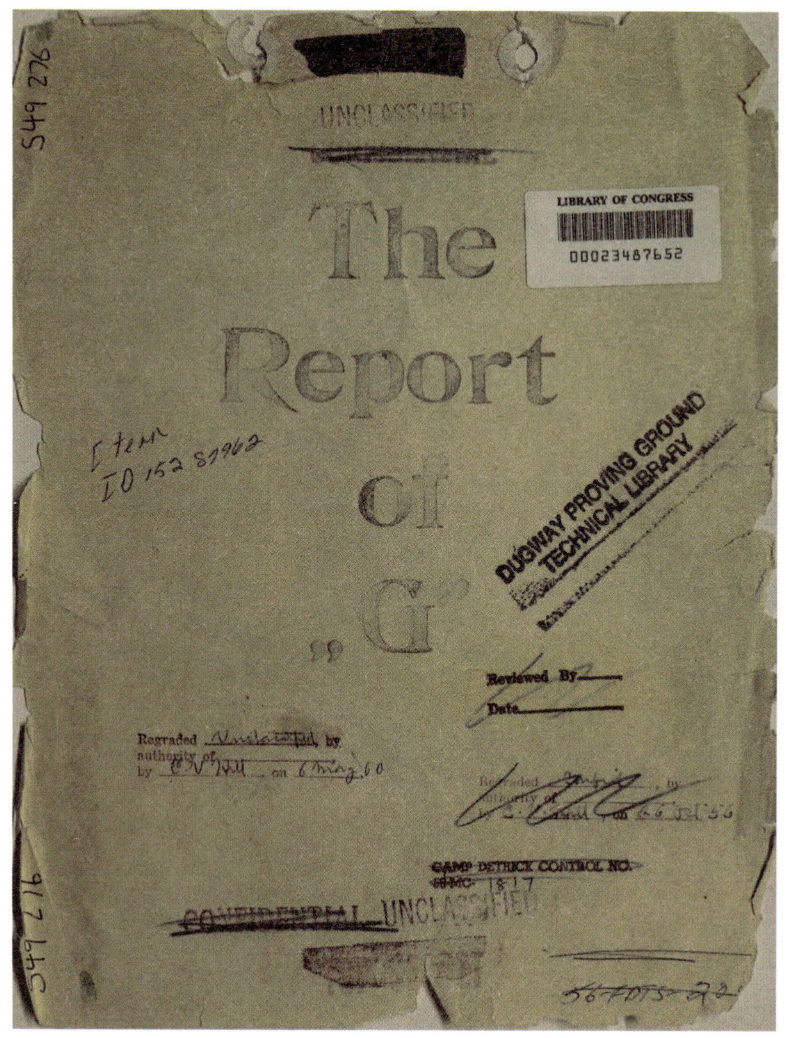

图2-9　七三一部队鼻疽人体实验《G报告》封面

（美国国会图书馆藏）

《G报告》中的G代指“Glanders”，意为鼻疽菌。该报告全文共376页，书写文字为英文。第1—72页是目录和前言，记载了受试者病例的基本信息和病变状况，第73—372页为显微镜观察记录，记录了受试者心、肝、脾、肾、淋巴结等器官感染程度和病理变化。报告记载了受试者年龄、病程和感染模式等基本信息。报告所记受试者共有21例，全部为男性，其中经鼻感染5例，经皮肤感染16例。“受试者”经过人体实验后全部死亡。

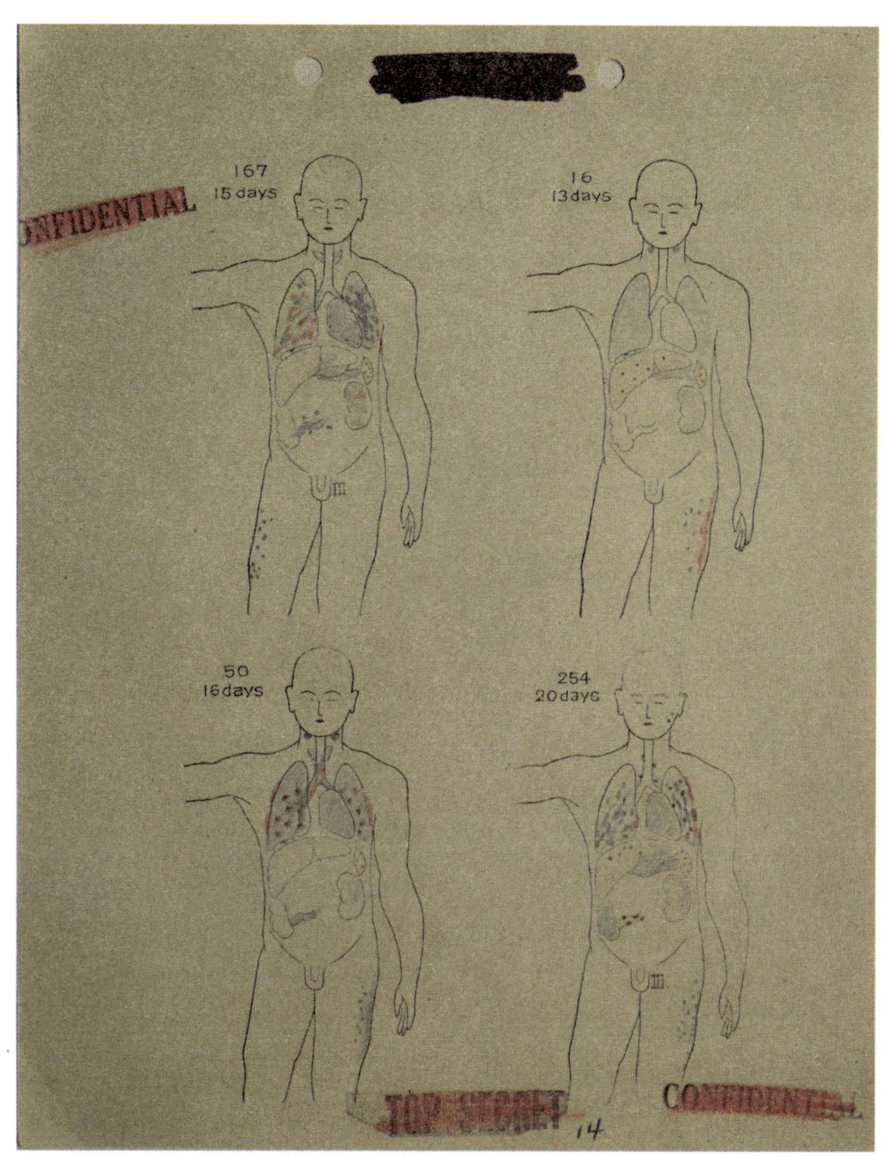

图2-10　《G报告》第14页记载的人体实验“受试者”病变图
（美国国会图书馆藏）

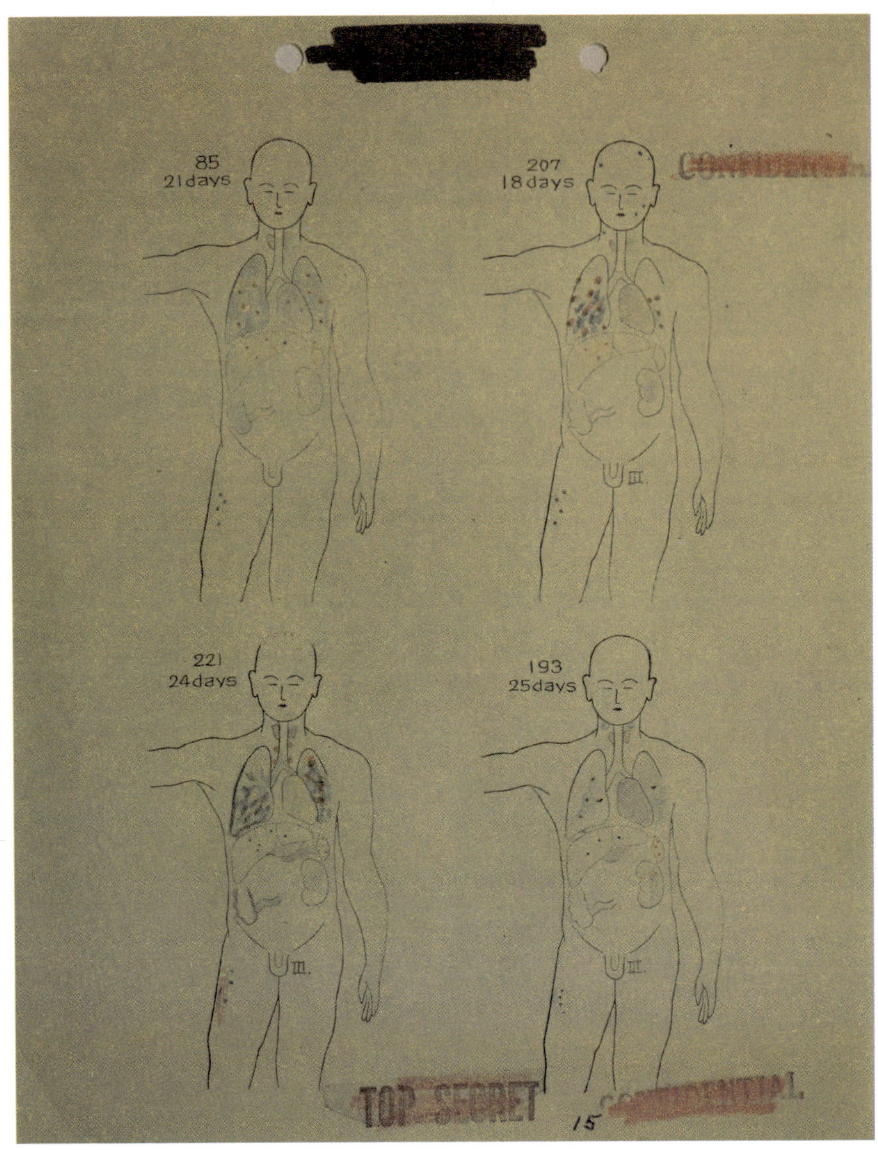

图2-11 《G报告》第15页记载的人体实验“受试者”病变图
（美国国会图书馆藏）

七三一部队为了保守秘密，将被强制用作人体实验的“受试者”，直接隐去了姓名、职业等个人信息，代之以特殊的编码。这8名受试者的编号是：167、16、50、254、85、207、221、193。

图2-12 沈阳盟军战俘营外景（1943年）
（沈阳“九·一八”历史博物馆藏）

太平洋战争期间，日军在太平战场俘虏了盟军战俘数十万人。日军将这些战俘运往日本本土及占领地区，强制战俘在工厂、矿山、农场充当劳役，死伤无数。

沈阳盟军战俘集中营是日军在中国东北设立的战俘集中营之一，1942年11月11日至1945年9月11日，日军在此关押了加拿大、美国、英国、新西兰、澳大利亚、荷兰等国战俘至少1948人，其中有250名战俘死亡。1945年9月11日，1698名盟军战俘获救撤离沈阳，其中包括最为著名的温莱特中将。

七三一部队于1943年2月1日接受上级命令之后，多次进驻战俘营将战俘作为“受试者”而开展“防疫活动”，菊池齐军医少将和永山太郎军医大佐等积极参与其中。

图2-13　“满洲第七三一部队（防疫给水部）”在沈阳盟军战俘营

（西里扶甬子：《生物战部队731》，草之根出版会，2002年）

图2-14　七三一部队军医少将菊池齐（左二）等人在沈阳盟军战俘营设立“医疗办公室”
（西里扶甬子：《生物战部队731》，草之根出版会，2002年）

图2-15　七三一部队在沈阳盟军战俘营展开“医疗工作”之一

（西里扶甬子：《生物战部队731》，草之根出版会，2002年）

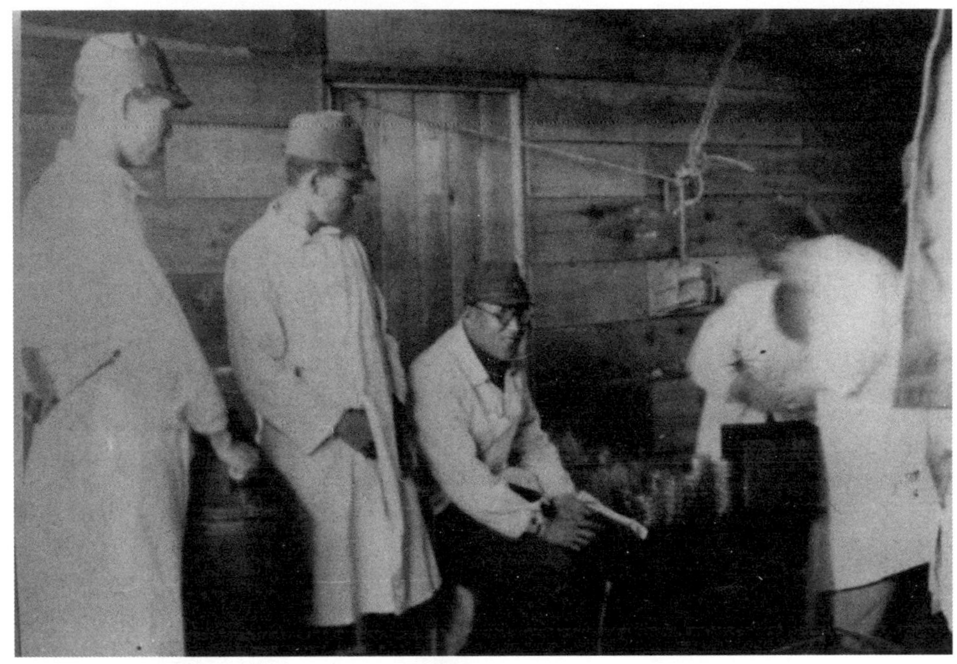

图2-16 七三一部队在沈阳盟军战俘营展开“医疗工作”之二
（西里扶甬子：《生物战部队731》，草之根出版会，2002年）

图2-17 人体实验受害者王耀轩（左）和王学年
（王亦兵提供）

图2-18 大连宪兵队军曹三尾丰
（王亦兵提供）

图2-19　1995年11月26日，在七三一部队展日本全国巡回展出会上作证的三尾丰
（新井利男、沖野章子等：《认罪之旅：七三一部队与三尾丰的记录》，
《认罪之旅：七三一部队与三尾丰的记录》刊行委员会，2000年）

1943年10月，大连宪兵队将王耀轩、王学年、李忠善、沈德龙向关东宪兵队申请“特别移送”，经关东宪兵队司令部批准，将以上4人“特别移送”，由三尾丰负责将此4人“特别移送”到七三一部队。三尾丰战后在抚顺战犯管理所接受改造，被释放返回日本后多次揭露日本侵华罪行。1993年，王耀轩之子王亦兵全面收集王耀轩被害的有关材料，1994年形成了证据材料，正式委托日本律师起诉日本政府。1995年，抗日战争胜利50周年之际，哈尔滨举办了“反对侵略　维护和平座谈会”，王亦兵应邀参加，三尾丰也从日本赶来参加了这次会议。7月31日，三尾丰在原抚顺战犯管理所金源所长陪同下向王亦兵谢罪。

图2-20　1995年7月31日，三尾丰在哈尔滨向王亦兵、王晓光谢罪。左一为三尾丰，
左二为原抚顺战犯管理所所长金源，左三为大连史志办主任单文俊，
左四为王亦兵（王耀轩之子），左五为王晓光（王耀轩之孙）

（王亦兵提供）

七三一部队在细菌战准备中注重细菌攻击方式的研发，进行过多种类型细菌炸弹的研究和测试，并通过野外实验验证其攻击效果和杀伤力，逐步改进细菌炸弹类型，最终确定了以鼠疫菌和炭疽菌为主要菌种，以石井式陶瓷细菌弹为主要类型的细菌炸弹。七三一部队在1937—1942年间至少生产了2200枚细菌炸弹。二战后，日本和美国展开了秘密交易，以下7张图纸是美军根据石井四郎提供的图纸绘制，这些图纸曾保存在美国马里兰州德特里克基地，副本保存在美国国家档案馆。

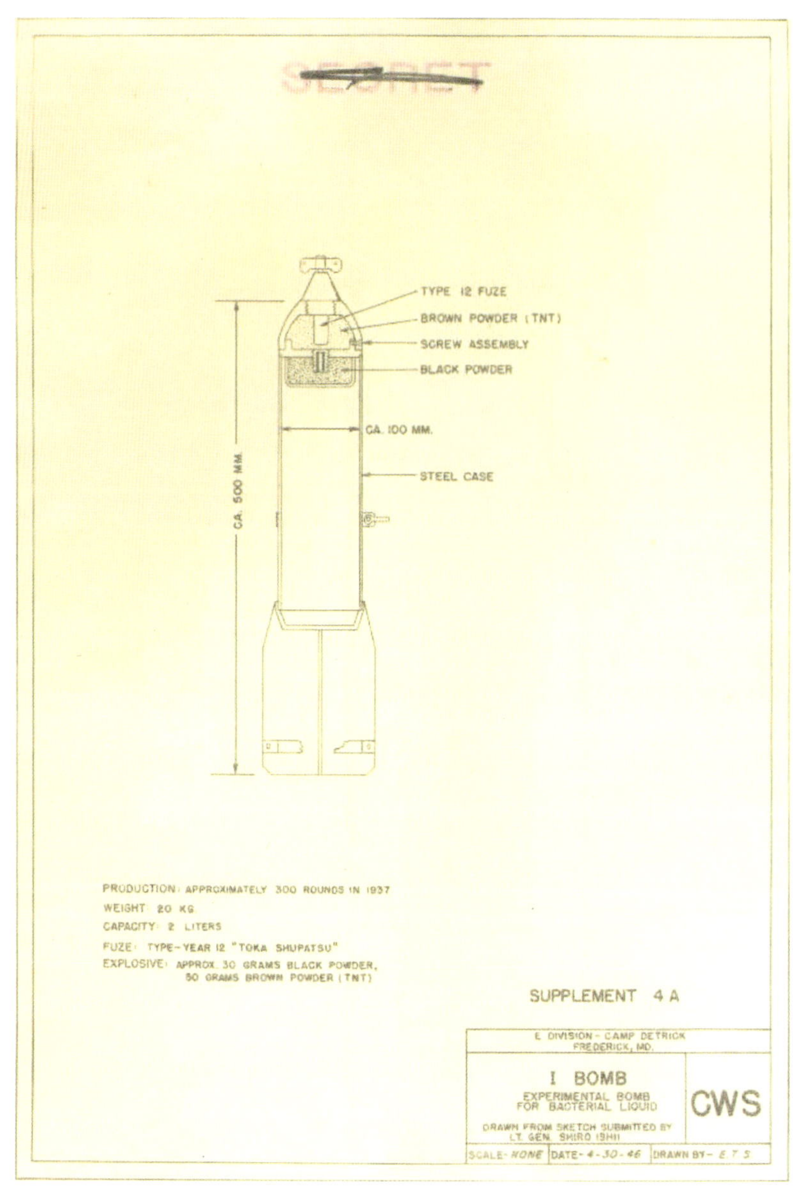

图2-21　七三一部队研制的I型细菌炸弹图纸

（美国国家档案馆藏）

1937年生产了约300枚，该炸弹重20千克，负载量为2升。I型细菌炸弹是为传播细菌液体而研发的炸弹，爆炸方式是弹头受地面冲击后爆炸，使弹尾脱落，继而射出细菌液体装载物。

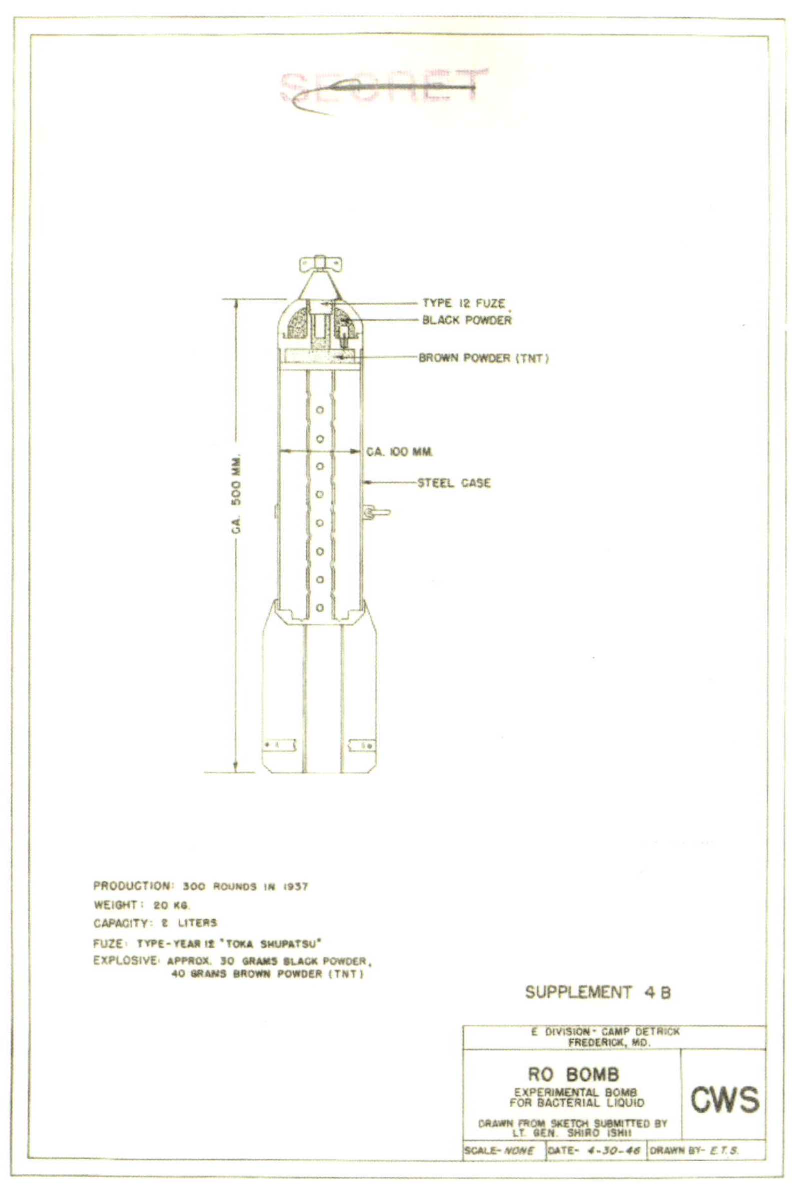

图2-22　七三一部队研制的RO型细菌炸弹图纸

（美国国家档案馆藏）

1937年生产了约300枚，重量为20千克，有效负载量为2升。RO型细菌炸弹爆炸方式是弹体与地面接触后，前室发生爆炸，会将炸弹向空中抛至10～15米，随后后室爆炸，弹尾爆裂并喷射出细菌填充物。

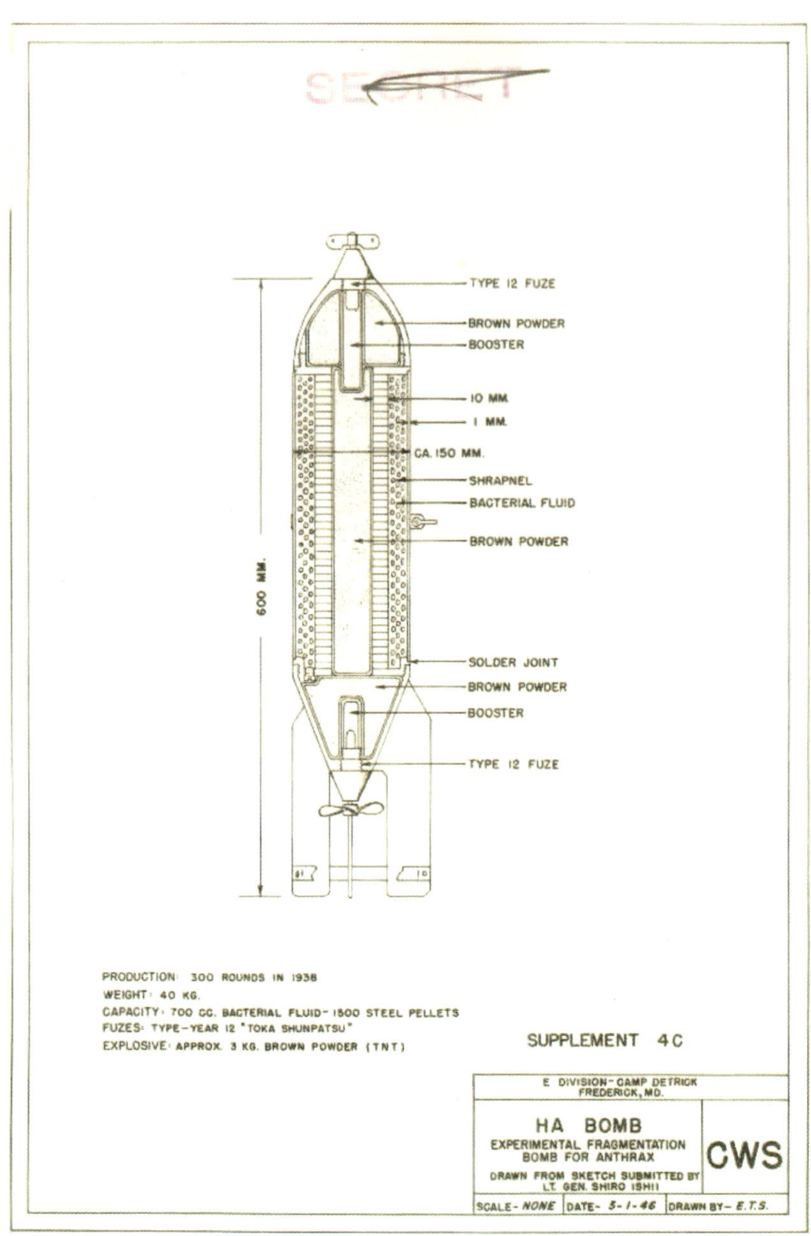

图2-23　七三一部队研制的HA型细菌炸弹图纸

（美国国家档案馆藏）

1938年生产了300枚，该炸弹重40千克，通过抛射带有炭疽孢子污染物的榴弹碎片产生破坏力。

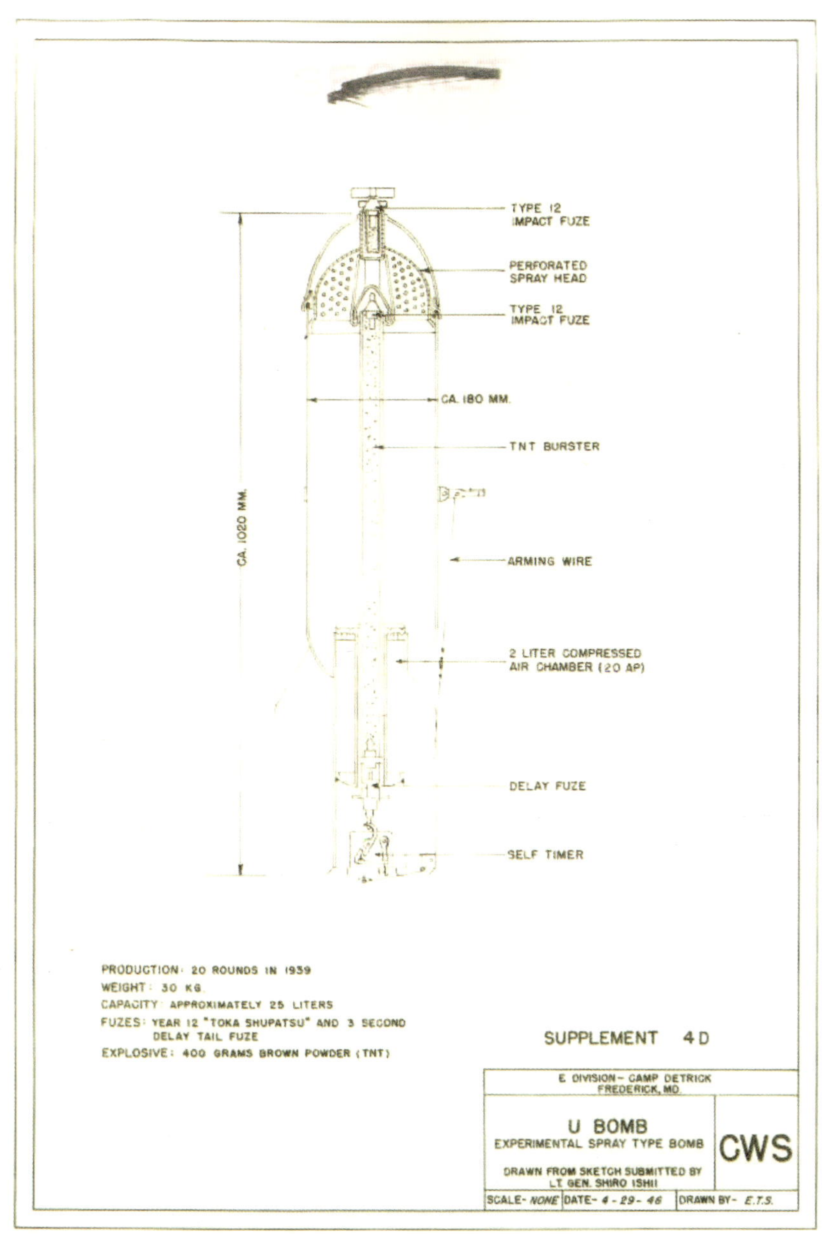

图2-24　七三一部队研制的U型细菌炸弹图纸

（美国国家档案馆藏）

1939年生产约20枚，重量为30千克，有效负载量为25升。U型细菌炸弹被设计用来在预定的高度通过压缩空气来喷射细菌液体。

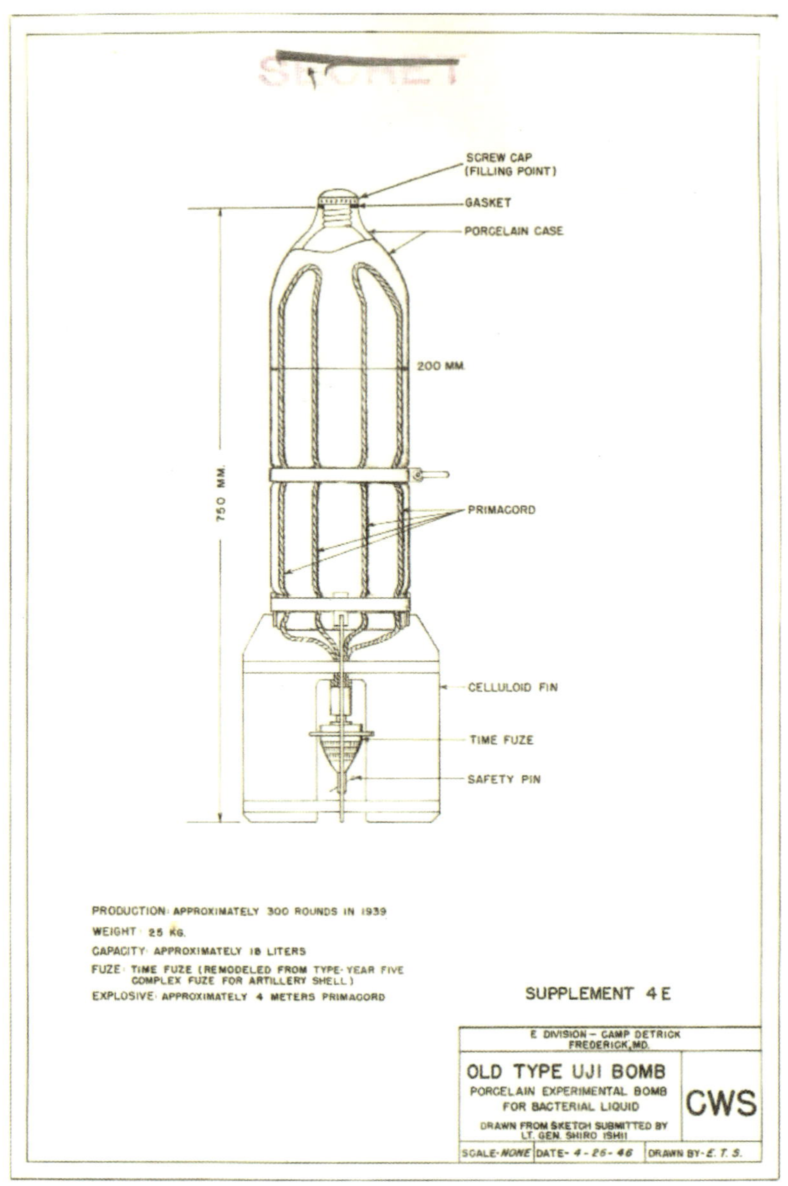

图2-25　七三一部队研制的旧型UJI细菌炸弹图纸

（美国国家档案馆藏）

1939年生产了约300枚，重量为25千克，有效负载量为18升。旧型UJI细菌炸弹在预定高度爆炸，陶瓷弹壳的爆裂致使装载物扩散。

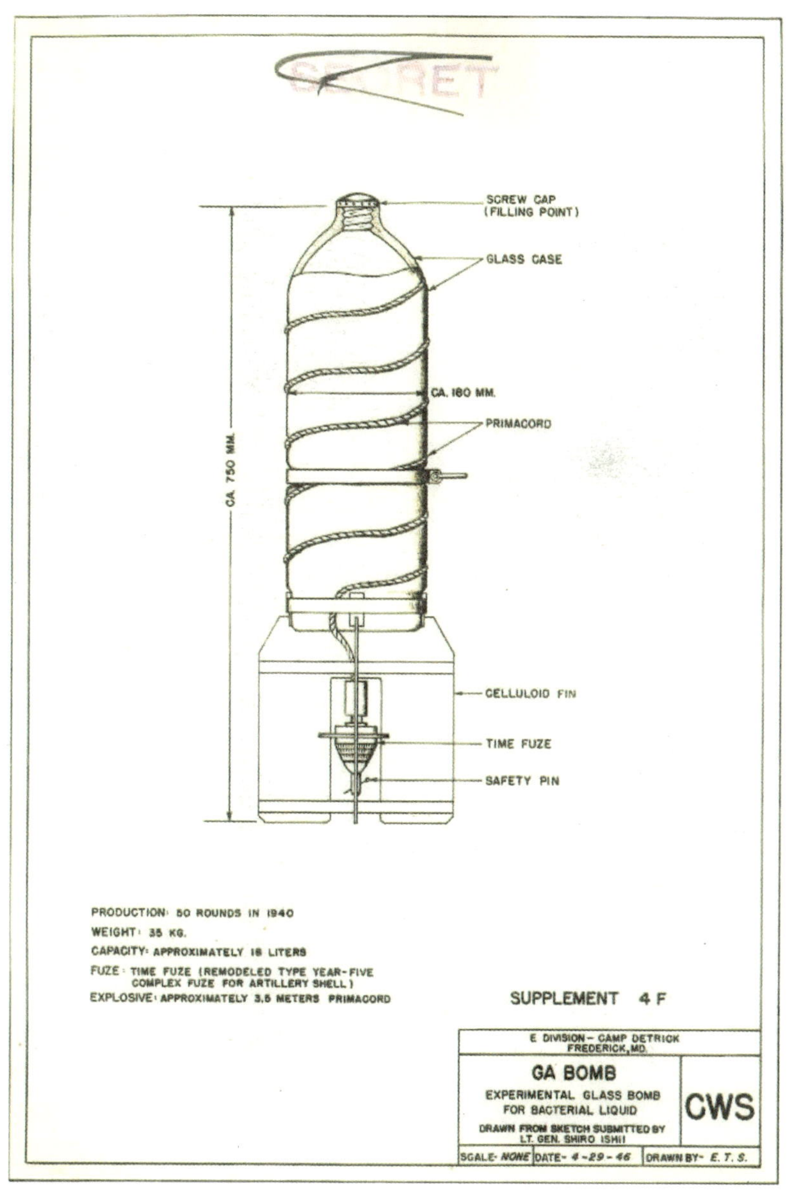

图2-26 七三一部队研制的GA型细菌炸弹图纸

（美国国家档案馆藏）

1940年生产了约50枚，重量为35千克，有效载荷为18升。GA型炸弹是玻璃壳体炸弹，使用螺旋沟槽来安装导爆索，因其玻璃弹体难以承受搬运冲击，经过几次初步实验后弃用。

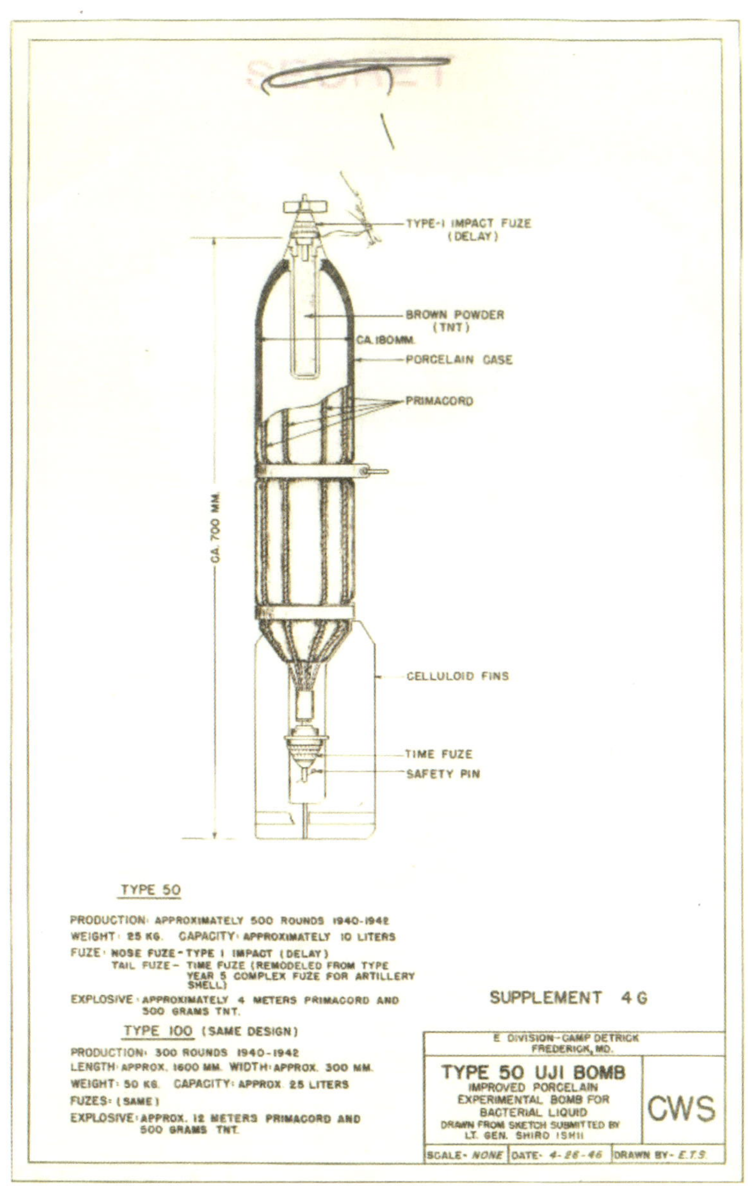

图2-27　七三一部队研制的石井式陶瓷细菌弹50型细菌炸弹图纸

（美国国家档案馆藏）

1940—1942年生产了约500枚，重量为25千克，有效负荷量为10升。

图2-28　七三一部队研制的细菌炸弹
（东北烈士纪念馆藏）

该图为东北烈士纪念馆藏的旧型UJI陶瓷细菌弹弹壳实物，高68厘米，腹围72厘米，重8千克。

图2-29　七三一部队遗址内残留的细菌炸弹碎片（1956年）

（侵华日军第七三一部队罪证陈列馆藏）

图2-30 1939年6月25日，七三一部队在诺门罕战场
（日本防卫省防卫研究所资料室藏）

诺门罕战役是1939年5月至9月发生在今中蒙边境日本与苏联的一场战役，以日本惨败而告终。七三一部队奉关东军命令第一次参加细菌作战，在关东军参谋山本吉郎中佐、七三一部队碇常重少佐指挥下将霍乱、肠伤寒菌和赤痢菌分三次投撒到哈拉哈河等水源地实施细菌攻击。这组保存在日本防卫省防卫研究所资料室的照片由七三一部队摄影班拍摄，反映的是七三一部队进行防疫作业状况，这是因为诺门罕战场大部分水源地受到细菌攻击，为了不使关东军自身受到细菌感染，七三一部队开展了大规模的净水作业。

图2-31　1939年7月12日，七三一部队在诺门罕战场，照片正中戴军帽者（未戴眼镜）为石井四郎

（日本防卫省防卫研究所资料室藏）

图2-32　1939年9月7日，日本陆军大臣畑俊六“视察”诺门罕战场上的七三一部队（俯身右手伸出者为石井四郎）

（日本防卫省防卫研究所资料室藏）

图2-33　1939年9月10日，七三一部队在诺门罕战场

（日本防卫省防卫研究所资料室藏）

图2-34　1939年9月16日，七三一部队在诺门罕战场

（日本防卫省防卫研究所资料室藏）

图2-35　石井四郎（左）与石井刚男

（七三一研究会：《细菌战部队》，晚声社，1996年）

因七三一部队在诺门罕战场取得的“防疫给水成绩”，石井四郎和石井刚男受到上级表彰。

图2-36 七三一部队航空班在南京上空拍摄的照片

（森正孝提供）

图2-37 七三一部队成员驾驶的飞机在南京荣第一六四四部队的飞机场上空飞行

（森正孝提供）

图2-38　七三一部队成员樱永孝雄驾驶97式轻型轰炸机在南京上空飞行

（森正孝提供）

既往作战效果概略表（根据日本国立国会图书馆藏资料制作）

攻击时间	目标	PX（kg）	效果		1.0 kg换算值		
			一次	二次	Rpr	R	Cep
1940年6月4日	农安	0.005	8	607	1600	123000	76.9
1940年6月4–7日	农安、大赉	0.010	12	2424	1200	243600	203
1940年10月4日	衢县	8.0	219	9060	26	1159	44.2
1940年10月27日	宁波	2.0	104	1450	52	777	14.9
1941年11月4日	常德	1.6	310	2500	194	1756	9.1
1942年8月19–21日	广信、广丰、玉山	0.131	42	2910	321	22550	70.3

七三一部队军医少佐金子顺一在《PX效果测算法》一文中，引用了《既往作战效果概略表》，详细记录了七三一部队进行6次细菌攻击的情况。具体情况是：七三一部队第一次细菌攻击，1940年6月4日，攻击目标农安，使用鼠疫跳蚤0.005千克，第一次感染死亡8人，第二次感染死亡607人。第二次细菌攻击，1940年6月4日至6月7日，攻击目标农安、大赉，使用鼠疫跳蚤0.010千克，第一次感染死亡12人，第二次感染死亡2424人。第三次细菌攻击，1940年10月4日，攻击目标衢县，使用鼠疫跳蚤8.0千克，第一次感染死亡219人，第二次感染死亡9060人。第四次细菌攻击，1940年10月27日，攻击目标宁波，使用鼠疫跳蚤2.0千克，第一次感染死亡104人，第二次感染死亡1450人。第五次细菌攻击，1941年11月4日，攻击目标常德，使用鼠疫跳蚤1.6千克，第一次感染死亡310人，第二次感染死亡2500人。第六次细菌攻击，1942年8月19日至8月21日，攻击目标为广信、广丰、玉山，使用鼠疫跳蚤0.131千克，第一次感染死亡42人，第二次感染死亡2910人。依据上述统计数字，七三一部队六次鼠疫菌攻击中第一次感染死亡人数是695人，第二次感染死亡人数18951人，两次共死亡19646人。

图2-39　哈尔滨鼠疫防疫本部赴平房展开防疫（1946年）
（哈尔滨市地方病防治站藏）

1945年8月，七三一部队炸毁了本部建筑设施，使得带有鼠疫菌的老鼠和跳蚤逃窜出来，导致平房地区于1946年开始暴发鼠疫。1946—1954年，哈尔滨平房及周边地区感染鼠疫死亡者共计149人。平房地区暴发的鼠疫引发了周边自然界动物种群的变化，严重危害并改变了当地的生态环境，直接导致平房地区成为自然鼠疫疫源地。哈尔滨市进行鼠疫疫情监测和疫情防控长达50余年，这给当地人民带来沉重的社会压力和精神负担。

第三章　战争遗址·罪证实物

1945年8月15日前后，七三一部队炸毁了本部基础设施，形成了七三一部队遗址基本格局。因时局原因，遗址没有得到及时有效保护，中华人民共和国成立之后，采取有效举措保护了部分遗址。1982年，哈尔滨市成立了平房区文物管理所，开始调查和保护七三一部队遗址。1983年，七三一部队遗址被列为黑龙江省级文物保护单位。1985年，侵华日军第七三一部队罪证陈列馆正式对外开放。2006年，七三一部队遗址被列为全国重点文物保护单位，有细菌实验室、特设监狱、锅炉房等23处遗址纳入保护范围，核心保护区面积为24.8万平方米。2012年，七三一部队遗址被列入中国世界文化遗产预备名单。

在七三一部队遗址调查、保护和研究过程中，侵华日军第七三一部队罪证陈列馆和中日民间机构收集并整理了大量罪证实物，如细菌培养箱、血清瓶、止血钳、手术刀等，这些七三一部队曾经使用的医疗器械、生活用品、图书证章等，真实地记录了七三一部队人体实验和细菌战犯罪的全过程。

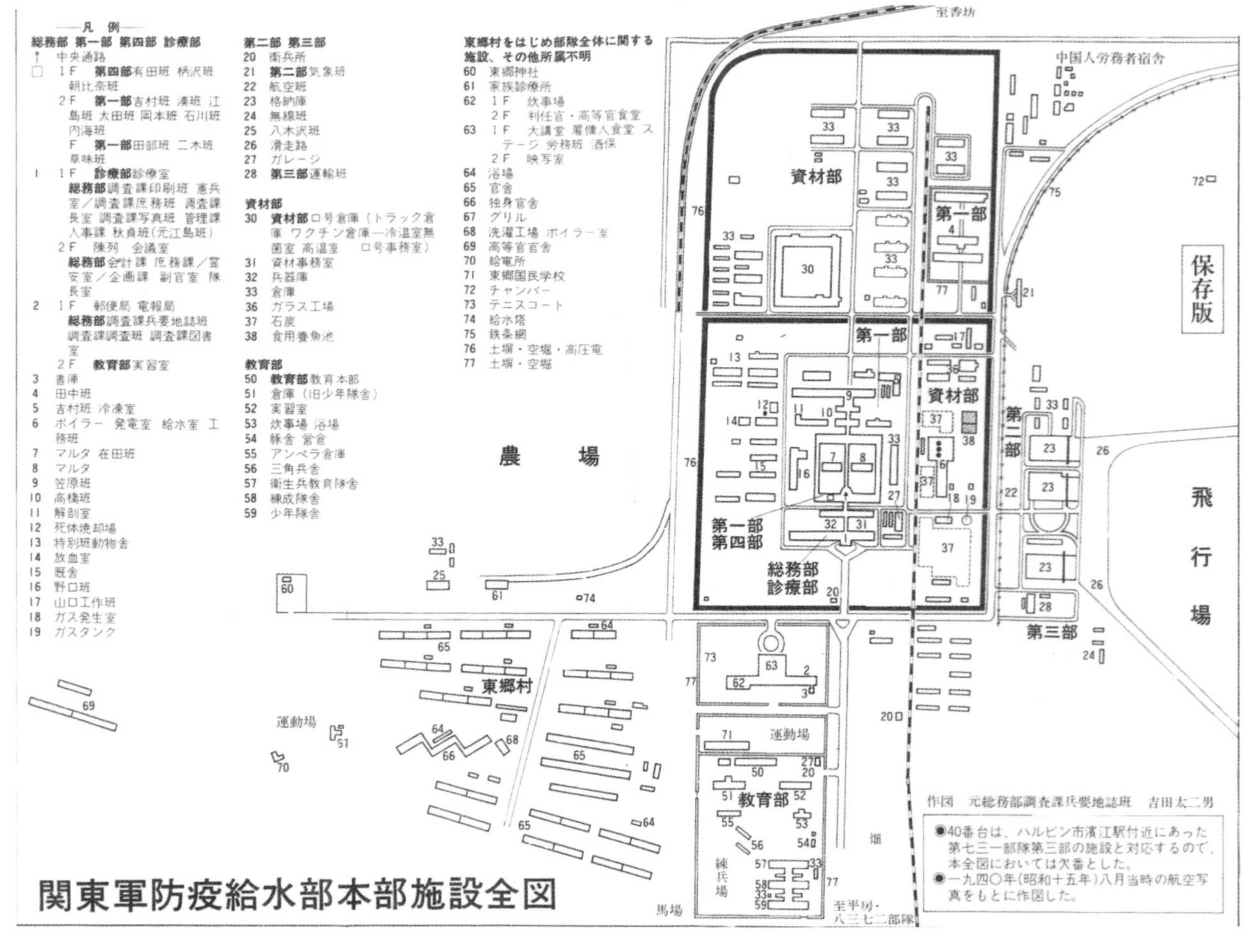

图3-1 关东军防疫给水部本部设施全图（七三一部队兵要地志班吉田太二男绘制）
（森村诚一：《恶魔的饱食》（续），角川书店，1983年）

图3-2 七三一部队本部遗址航拍（2018年）
（侵华日军第七三一部队罪证陈列馆藏）

图3-3　七三一部队本部南门卫兵所及本部大楼遗址（2015年）

（杨彦君　摄）

图3-4 七三一部队动力班锅炉房遗址（2015年）
（黑龙江省文物考古研究所藏）

图3-5　七三一部队昆虫培育室遗址（1956年）
（侵华日军第七三一部队罪证陈列馆藏）

图3-6 七三一部队四方楼遗址（1956年）
（侵华日军第七三一部队罪证陈列馆藏）

图3-7　七三一部队四方楼遗址（1956年）
（侵华日军第七三一部队罪证陈列馆藏）

图3-8 七三一部队爆破本部残迹（1956年）
（侵华日军第七三一部队罪证陈列馆藏）

图3-9　七三一部队铁路专用线局部（1956年）
（侵华日军第七三一部队罪证陈列馆藏）

图3-10 七三一部队航空班事务所北侧（1956年）
（侵华日军第七三一部队罪证陈列馆藏）

图3-11　七三一部队动力班锅炉房遗址（1956年）

（侵华日军第七三一部队罪证陈列馆藏）

图3-12　七三一部队兵器班遗址航拍（2017年）
（黑龙江省文物考古研究所藏）

图3-13　七三一部队北洼地焚尸炉遗址（2012年）

（杨彦君　摄）

图3-14　七三一部队北岗焚尸炉遗址（2015年）
（李陈奇　摄）

图3-15　七三一部队冻伤实验室遗址（2015年）
（杨彦君　摄）

图3-16 七三一部队黄鼠饲养室遗址（2015年）

（杨彦君 摄）

图3-17　七三一部队瓦斯实验室和瓦斯储藏室旧址（2018年）

（杨彦君　摄）

图3-18 七三一部队“东乡宿舍”旧址（2012年）
（韩慧光 摄）

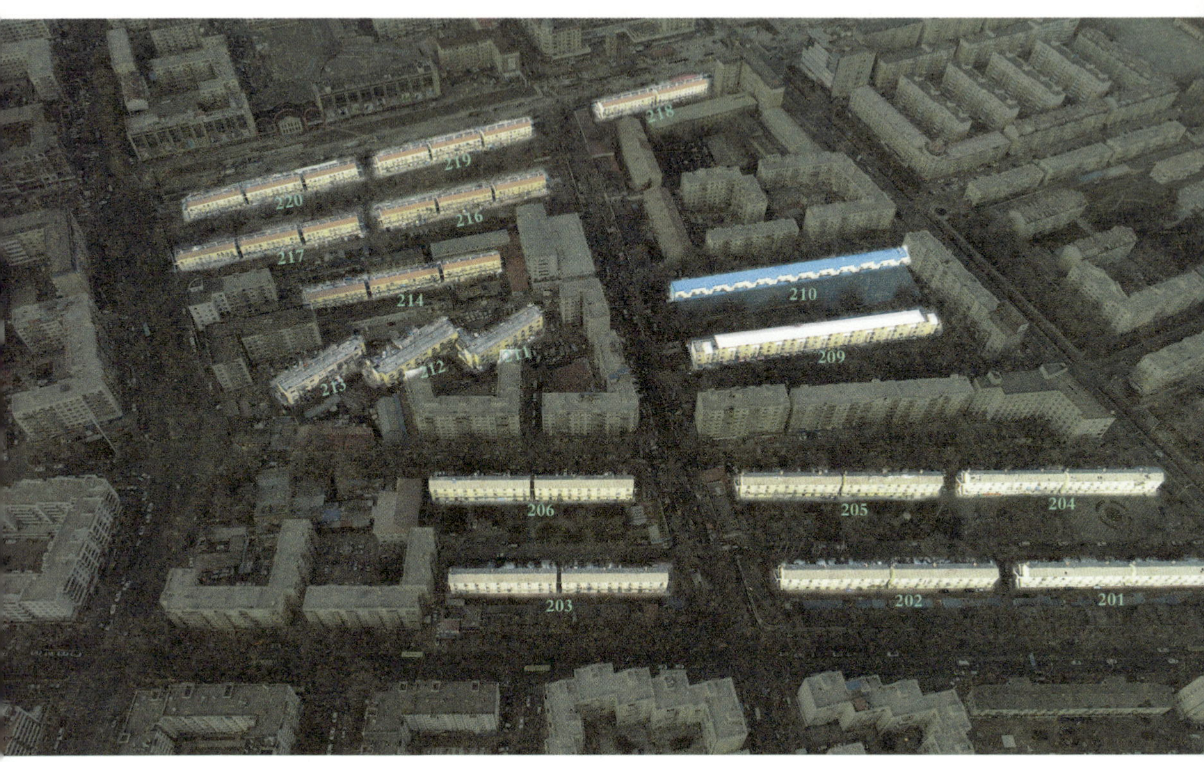

图3-19　七三一部队“东乡宿舍”旧址航拍（2018年）

（黑龙江省文物考古研究所藏）

图3-20 加茂部队（七三一部队前身）遗址（1985年）
（侵华日军第七三一部队罪证陈列馆藏）

图3-21 背荫河火车站（2018年）

（杨彦君 摄）

随着日本侵驻哈尔滨，七三一部队于1933年在今五常市背荫河镇秘密建立人体实验基地，背荫河人体实验基地遗址已失存。

图3-22　七三一部队安达特别实验场遗址标识牌（2013年）
（杨彦君　摄）

图3-23　七三一部队牡丹江支部遗址标识牌（2012年）
（杨彦君　摄）

图3-24　七三一部队牡丹江支部遗址（1985年）
（侵华日军第七三一部队罪证陈列馆藏）

图3-25　七三一部队孙吴支部遗址标识牌（2012年）
（杨彦君　摄）

图3-26　七三一部队孙吴支部遗址（2012年）
（杨彦君　摄）

图3-27　七三一部队林口支部遗址标识牌（2012年）

（杨彦君　摄）

图3-28 七三一部队大连支部遗址（20世纪90年代）
（侵华日军第七三一部队罪证陈列馆藏）

图3-29　日本驻哈尔滨总领事馆（曾为七三一部队“特别移送”中转站）（20世纪40年代）

（杨彦君藏）

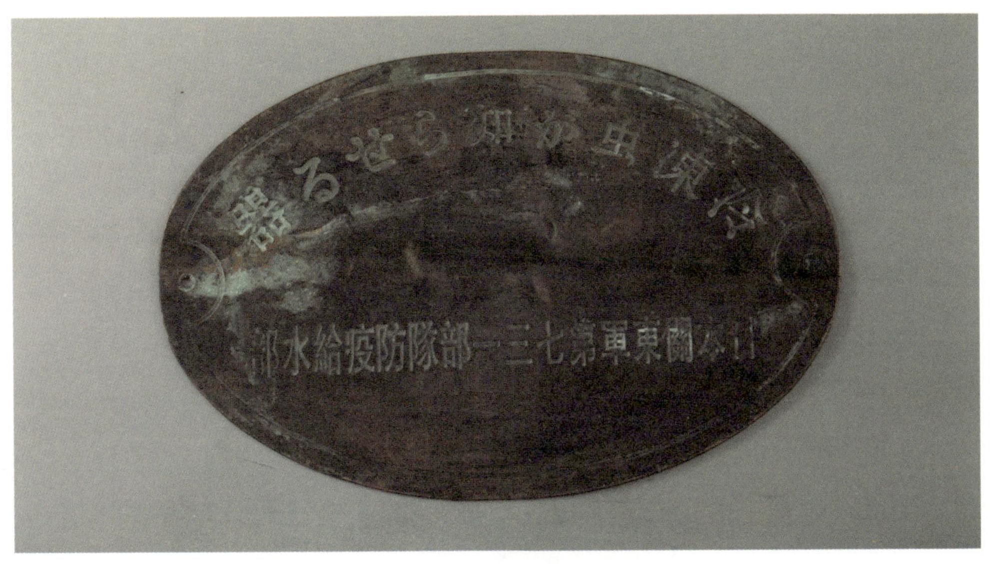

图3-30 冷冻预感器标识牌

（张广胜藏）

图3-31 鼻疽菌培养器标识牌

（侵华日军第七三一部队罪证陈列馆藏）

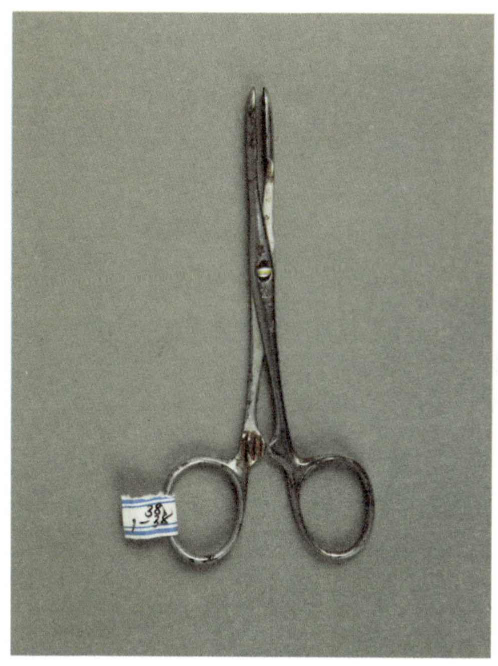

图3-32　七三一部队使用过的止血钳
（《侵华日军第七三一部队罪证陈列馆文物图鉴》，内蒙古文化出版社，2011年）

图3-33　七三一部队四方楼遗址出土的玻璃器皿（2015年）
（侵华日军第七三一部队罪证陈列馆藏）

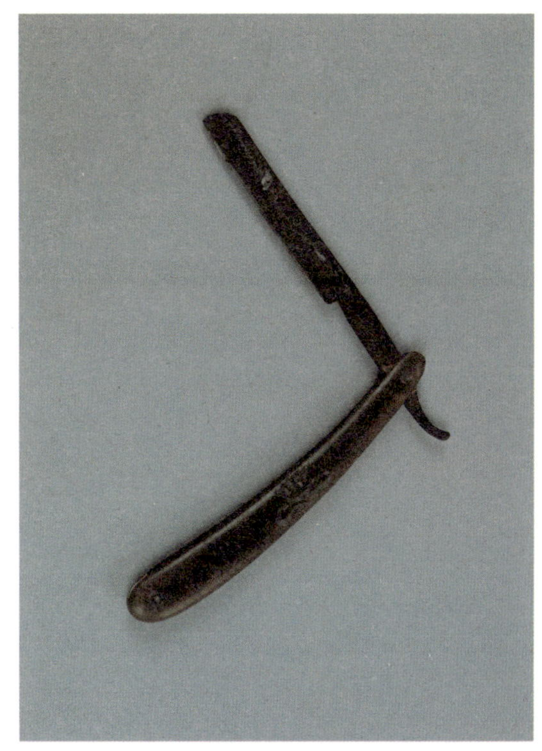

图3-34 七三一部队的手术刀
（《侵华日军第七三一部队罪证陈列馆文物图鉴》，内蒙古文化出版社，2011年）

图3-35 七三一部队的器具盒
（《侵华日军第七三一部队罪证陈列馆文物图鉴》，内蒙古文化出版社，2011年）

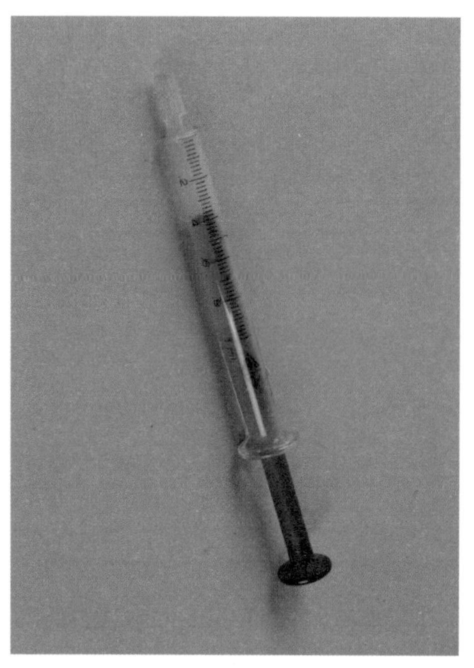

图3-36　七三一部队的注射器
（《侵华日军第七三一部队罪证陈列馆文物图鉴》，内蒙古文化出版社，2011年）

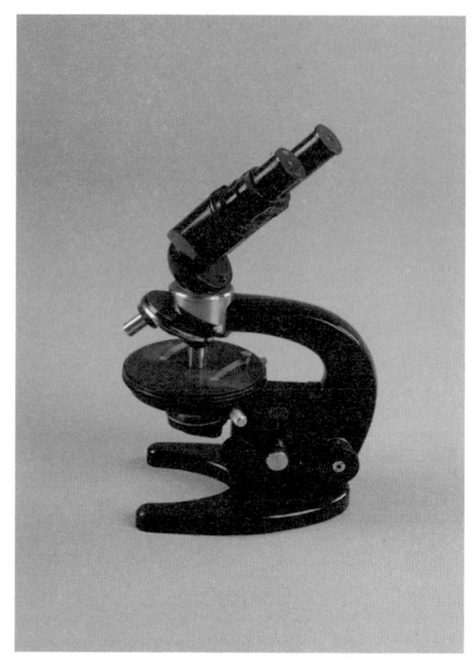

图3-37　七三一部队使用过的显微镜
（《侵华日军第七三一部队罪证陈列馆文物图鉴》，内蒙古文化出版社，2011年）

图3-38　七三一部队使用过的医用骨锯
（《侵华日军第七三一部队罪证陈列馆文物图鉴》，内蒙古文化出版社，2011年）

图3-39 七三一部队使用过的血清瓶
（《侵华日军第七三一部队罪证陈列馆文物图鉴》，内蒙古文化出版社，2011年）

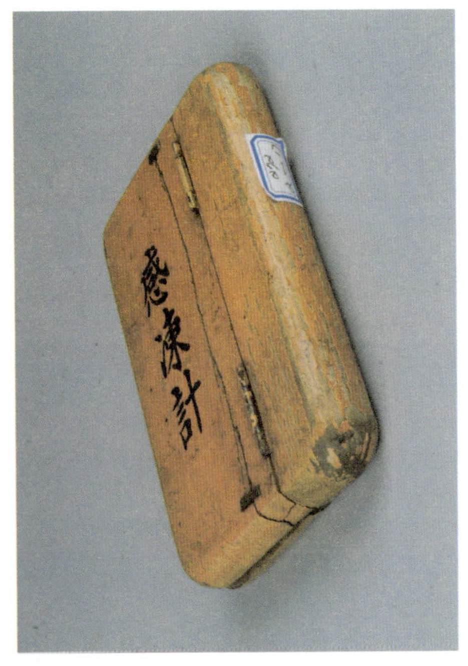

图3-40 七三一部队使用过的温度计
（《侵华日军第七三一部队罪证陈列馆文物图鉴》，内蒙古文化出版社，2011年）

图3-41 七三一部队使用过的细菌培养箱
（《侵华日军第七三一部队罪证陈列馆文物图鉴》，内蒙古文化出版社，2011年）

图3-42　侵华日军第七三一部队罪证陈列馆外景（2015年）

（侵华日军第七三一部队罪证陈列馆藏）

第四章　战后活动·史证挖掘

1945年8月15日，日本天皇裕仁以广播《终战诏书》的形式，宣布接受《波茨坦公告》，无条件投降，第二次世界大战进入尾声。美国总统杜鲁门任命麦克阿瑟为驻日盟军最高司令官。9月2日，麦克阿瑟在日本东京湾密苏里号战列舰上举行受降仪式，日本外相重光葵、参谋总长梅津美治郎代表日本签署投降书。9月9日，冈村宁次代表日本在南京向中国投降。

从1945年到1948年，美国国防部相继派出四任调查官桑德斯（Murray Sanders）、汤普森（Arvo T. Thompson）、费尔（Norbert H.Fell）和希尔（Edwin V. Hill）前往日本调查细菌战和人体实验。他们绕开东京审判，摆脱苏联的追踪，同七三一部队进行了秘密交易，掩盖了七三一部队的战时犯罪。1949年12月25—30日，苏联在伯力特别军事法庭审判了川岛清、柄泽十三夫、西俊英、尾上正男等12人，这是人类历史上首次对细菌战战犯进行的公开审判，揭示了战时日本准备和实施细菌战的动机、过程和结果，受审被告均被判处有期徒刑，最短的2年，最长的25年。1955年之后，七三一部队原成员公然成立了“精魂会”“房友会”“波空会”等“战友会”组织，定期在东京、京都、大阪等城市举行集会。

1995年和1997年，中国民间发起了两次大规模对日诉讼，即七三一部队人体实验中国受害者和侵华日军细菌战中国受害者对日本政府提起的诉讼。从1995年到2007年，两起诉讼都经历了东京地方法院、东京高等法院的判决，认定了人体实验加害事实和细菌战犯罪事实，但均驳回了原告的诉讼请求。

中日学界对日本细菌战史证展开了长期的追踪调查，特别是在日本国立公文书馆发掘了《关东军防疫给水部留守名簿》《南方军防疫给水部留守名簿》和《甲第一八五五部队留守名簿》《登第一六四四部队留守名簿》和《波第八六〇四部队留守名簿》等新史料。据此能够全面认知、重新评估和最终界定日本细菌战部队的整体规模、人员来源和身份构成等基本史实问题，弥补了学界此前未知的部队成员信息，纠正了以往研究中产生的错误，这对全方位揭示细菌战部队战时犯罪、战争责任及其战后轨迹具有重要价值。

图4-1　1945年9月2日，盟军在日本东京湾密苏里号战列舰上举行受降仪式，日本外相重光葵、参谋总长梅津美治郎代表日本签署投降书

（上海交通大学藏）

Signed at TOKYO BAY, JAPAN at 0904 I

on the SECOND day of SEPTEMBER, 1945.

重光葵

By Command and in behalf of the Emperor of Japan and the Japanese Government.

梅津美治郎

By Command and in behalf of the Japanese Imperial General Headquarters.

Accepted at TOKYO BAY, JAPAN at 0908 I

on the SECOND day of SEPTEMBER, 1945, for the United States, Republic of China, United Kingdom and the Union of Soviet Socialist Republics, and in the interests of the other United Nations at war with Japan.

Douglas MacArthur

Supreme Commander for the Allied Powers.

C.W. Nimitz

United States Representative

徐永昌

Republic of China Representative

Bruce Fraser.

United Kingdom Representative

[illegible]

Union of Soviet Socialist Republics Representative

T.A. Blamey

Commonwealth of Australia Representative

[illegible]

Dominion of Canada Representative

[illegible]

Provisional Government of the French Republic Representative

[illegible]

Kingdom of the Netherlands Representative

[illegible]

图4-2　盟军代表和日本代表在受降仪式上共同签署的文件

（上海交通大学藏）

桑德斯，美国德特里克基地微生物学专家，军医中校，是美国派往东京调查日本细菌战的第一任调查官。

图4-3　桑德斯中校
（西里扶甬子：《生物战部队731》，草之根出版会，2002年）

图4-4　1946年2月5日，汤普森（右一）中校在石井四郎家中调查，右二为石井清子
（西里扶甬子：《生物战部队731》，草之根出版会，2002年）

汤普森，美国德特里克基地兽医中校，受美国国防部指派于1946年前往东京调查日本细菌战，曾讯问了石井四郎、北野政次等人，1948年自杀身亡。

图4-5　费尔（前排左一）和希尔（前排左四）

（诺曼·M·科弗特：《前沿阵地：马里兰州德特里克基地的历史（1943—1993）》，美国陆军司令部，1993年）

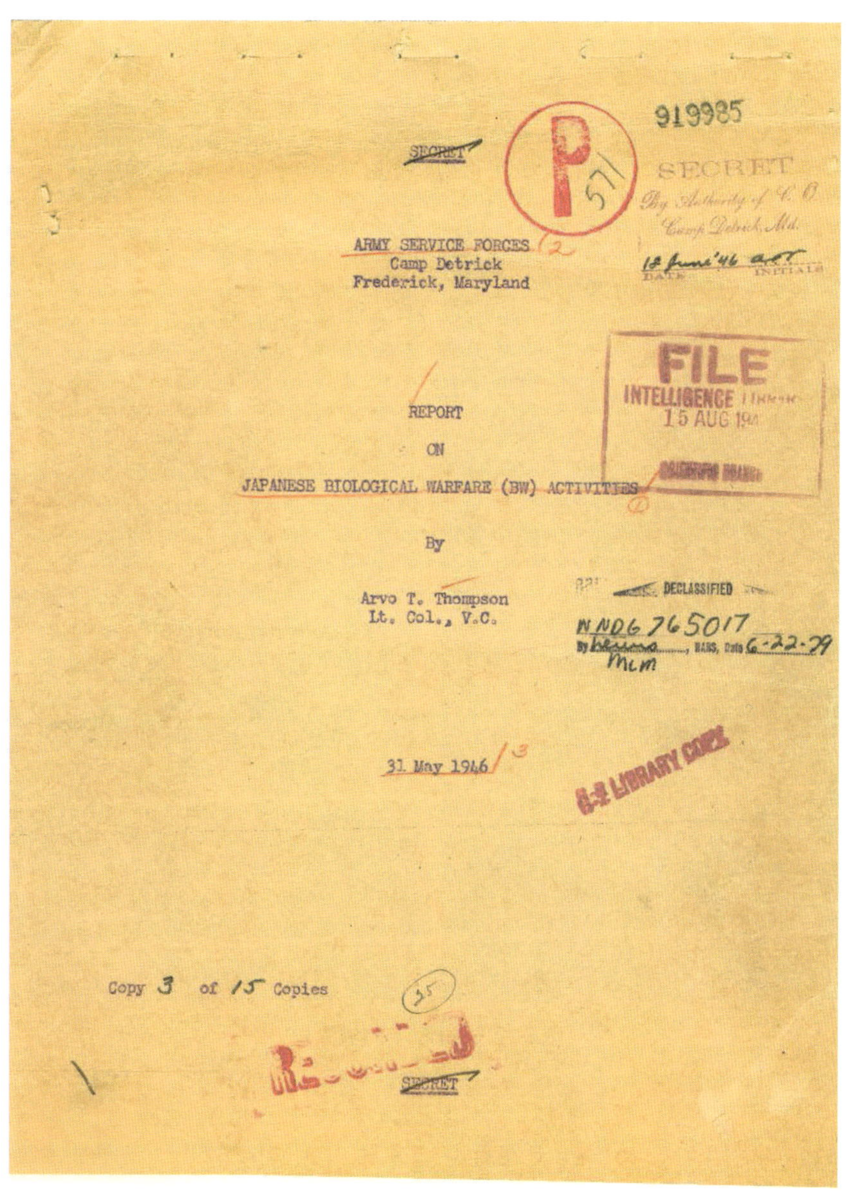

SECRET

919985

SECRET
By Authority of C.O.
Camp Detrick, Md.
18 June '46
DATE INITIALS

ARMY SERVICE FORCES
Camp Detrick
Frederick, Maryland

FILE
INTELLIGENCE
15 AUG 194

REPORT

ON

JAPANESE BIOLOGICAL WARFARE (BW) ACTIVITIES

By

Arvo T. Thompson
Lt. Col., V.C.

DECLASSIFIED
NND765017
By ..., NARS, Date 6-22-79

31 May 1946

G-2 LIBRARY COPY

Copy 3 of 15 Copies

SECRET

图4-6 《汤普森报告》首页

（美国国家档案馆藏）

1946年5月31日，汤普森完成了《关于日本生物战活动的报告》(即《汤普森报告》)，记录了七三一部队人员配置、组织构成、研究范围和生物战有关信息。

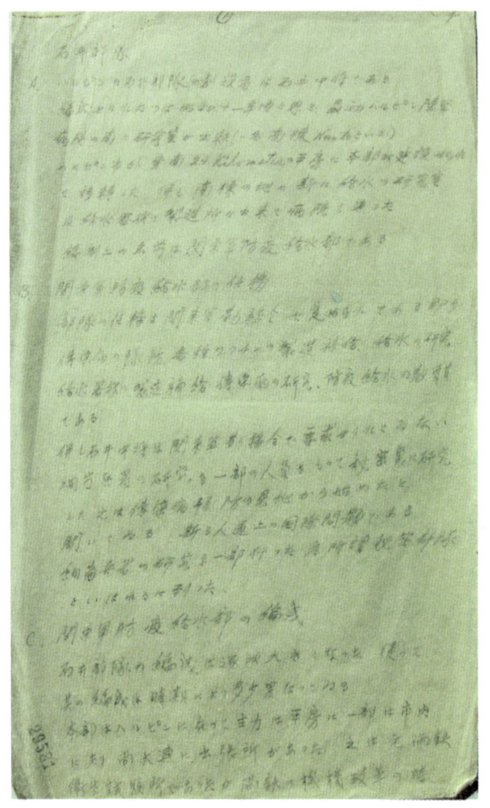

图4-7　北野政次笔供文稿

（美国国家档案馆藏）

1947年4月1日，北野政次在接受美军讯问之后写下了17页亲笔证词《石井部队》，主要包含三方面内容：七三一部队的任务、七三一部队的编制、七三一部队的研究范围。

SECRET

CIA

FOREIGN DOCUMENTS BRANCH

TRANSLATION

Number 102　　12 Jan 1948

VOLUME I

REPORTS ON JAPANESE BACTERIOLOGICAL RESEARCH

Prepared by

Foreign Documents Branch

CENTRAL INTELLIGENCE AGENCY

2430 E Street, N. W.
Washington, D. C.

SECRET

图4-8　美国中央情报局翻译的研究报告

（美国国家档案馆藏）

美国中央情报局于1948年1月12日组织翻译了《日本细菌学研究报告Ⅰ》和《日本细菌学研究报告Ⅱ》，于1948年5月6日组织翻译了《多领域医学报告Ⅰ》和《多领域医学报告Ⅱ》。这4份翻译报告是应中央情报局的“特别要求”，从《陆军军医学校防疫研究报告（第2部）》中遴选32篇研究报告翻译而成。

图4-9　远东国际军事法庭现场（1946年）
（美国国家档案馆藏）

1946年5月3日至1948年11月12日，远东国际军事法庭对二战中日本战犯进行审判，即东京审判。远东国际军事法庭由美国、中国、英国、法国、苏联、加拿大、澳大利亚、新西兰、荷兰、印度、菲律宾十一国成员组成。

图4-10　纽伦堡医学审判现场

（乌尔夫·施密特：《纽伦堡的正义：里奥·亚历山大与纳粹医生审判》，
伦敦麦克米伦出版社，2004年）

1946年10月25日，美国第一军事法庭在纽伦堡对纳粹德国23名医生提起诉讼。1947年8月20日做出终审判决，纳粹医生有7人被判绞刑，5人被判终身监禁，2人被判刑期20年，1人被判15年，1人被判10年，7人被判无罪。

图4-11　伯力法庭审判现场（1949年）
（俄罗斯国家军事档案馆藏）

1949年12月25—30日，苏联在哈巴罗夫斯克滨海军区特别军事法庭审判了山田乙三、梶塚隆二、高桥隆笃、佐藤俊二和川岛清等12名日本战犯，史称伯力审判。伯力法庭判处关东军总司令官山田乙三大将有期徒刑25年，关东军军医部长梶塚隆二中将有期徒刑25年，关东军兽医部长高桥隆笃中将有期徒刑25年，关东军第五军军医部长佐藤俊二少将有期徒刑20年，七三一部队总务部部长川岛清少将有期徒刑25年，七三一部队孙吴支部支部长西俊英中佐有期徒刑18年，七三一部队牡丹江支部支部长尾上正男少佐有期徒刑12年，七三一部队研究班班长柄泽十三夫少佐有期徒刑20年，七三一部队牡丹江支部卫生兵久留岛祐司有期徒刑3年，七三一部队林口支部卫生兵菊地则光有期徒刑2年，一〇〇部队实验员三友一男有期徒刑15年，一〇〇部队实验员平樱全作有期徒刑10年。

图4-12　伯力法庭内景（1949年）
（俄罗斯国家军事档案馆藏）

图4-13　伯力法庭被告席之一。前排（从左至右）：三友一男、川岛清、平樱全作、山田乙三（1949年）

（俄罗斯国家电影照片资料档案馆藏）

图4-14　伯力法庭被告席之二。第二排（从左至右）：佐藤俊二、高桥隆笃、柄泽十三夫、西俊英；第三排（从左至右）：尾上正男、久留岛祐司、菊地则光、梶塚隆二（1949年）

（俄罗斯国家电影照片资料档案馆藏）

图4-15　押解被告离开伯力法庭（1949年）
（俄罗斯国家电影照片资料档案馆藏）

图4-16　沈阳审判现场（1956年）
（沈阳“九·一八”历史博物馆藏）

中国最高人民法院特别军事法庭于1956年6月9日至20日，在太原、沈阳对日本战犯公开审判。

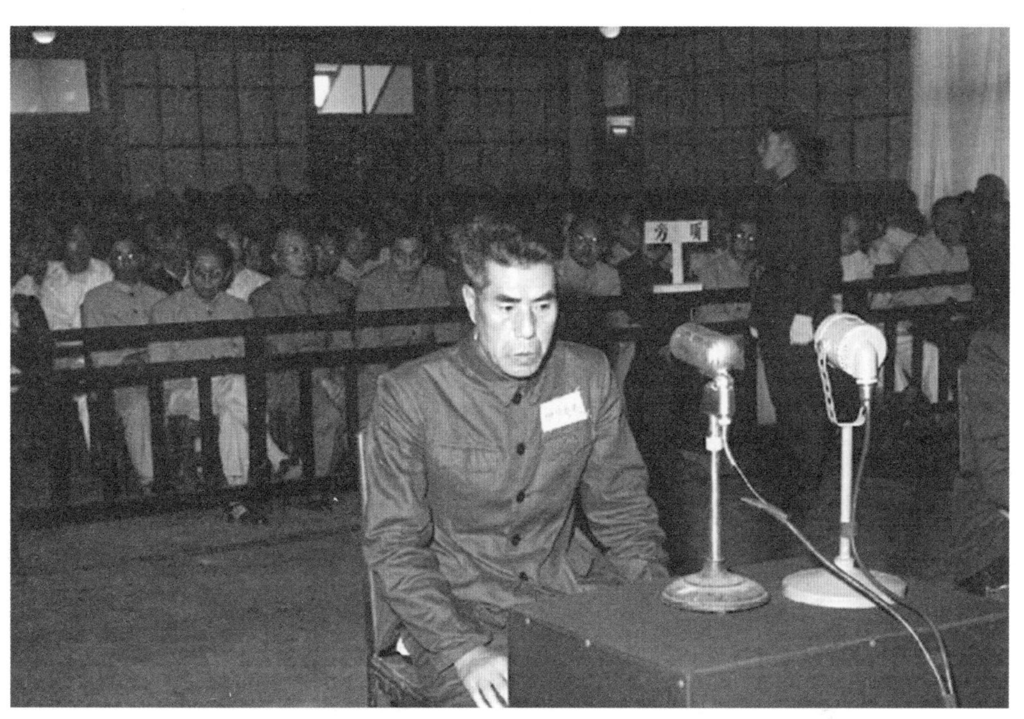

图4-17　沈阳审判现场，七三一部队林口支部长榊原秀夫受审
（沈阳“九·一八”历史博物馆藏）

图4-18 “精魂塔”（2018年）

（杨彦君 摄）

1955年，七三一部队“战友会”之“精魂会”在东京都府中市多磨陵园建立“精魂塔”，没有标识建立者，没有任何文字。

图4-19　1958年8月17日，七三一部队“战友会”之“房友会”正式举办成立大会，并在“精魂塔”前合影（第二排左三为石井四郎）

（房友会：《30年历程：摄影集》，未刊资料，1990年）

图4-20 1986年5月4日，七三一部队海拉尔支部和牡丹江支部“战友会”成员及其家属聚会

（日本学者鸟居靖供图）

图4-21　三尾丰（左一）、篠塚良雄（左二）、汤浅谦（左三）
参观七三一部队展览（20世纪90年代）
（侵华日军第七三一部队罪证陈列馆藏）

图4-22　七三一部队原成员铃木进战后接受采访取证，揭露七三一部队罪行

（侵华日军第七三一部队罪证陈列馆藏）

图4-23　七三一部队原成员大川福松战后接受采访取证，揭露七三一部队罪行

（侵华日军第七三一部队罪证陈列馆藏）

图4-24　金东君（右一）参加平房鼠疫防治与控制
（金东君供图）

1946年7月—1954年5月，因为七三一部队细菌战准备导致平房地区暴发鼠疫流行。以七三一部队本部为中心，哈尔滨市平房区的后二道沟屯、义发源屯、东井子屯，双城县正红旗五屯等农村区域先后9次暴发鼠疫疫情，鼠疫感染病例161例，死亡149例，治愈12例。

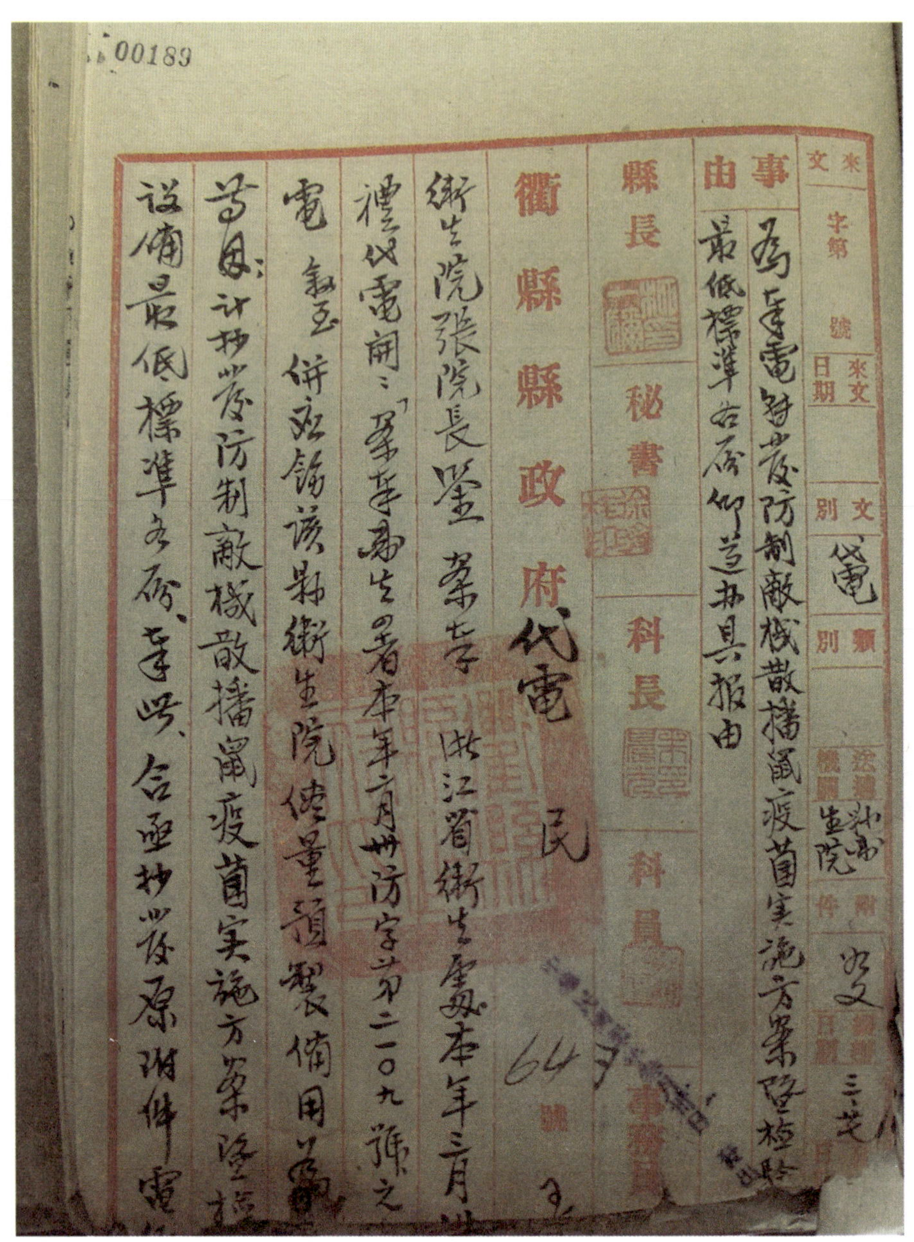

事由：為奉電發防制敵機散播鼠疫菌實施方案暨檢驗最低標準名稱仰遵辦具報由

縣長　秘書　科長　科員　事務員

來文字第　號　來文日期　文別：電　類別　送達機關：浙江省衛生院　附件　收到日期

衢縣縣政府代電　民　64號

衛生院張院長鑒：案奉浙江省衛生處本年三月卅
標代電開："案奉衛生署本年二月卅防字第二一〇九號之
電　併飭該縣衛生院儘量預製備用
等因：計抄發防制敵機散播鼠疫菌實施方案暨檢
設備最低標準名稱、等因。合亟抄發原附件電

图4-25　衢县县政府电文（1941年）

（衢州市衢江区档案馆藏）

1941年3月30日，衢县县政府转发浙江省卫生处电文，主要内容是防备敌机散播鼠疫菌实施方案，以及责成衢县卫生院充实疫情检验设备。

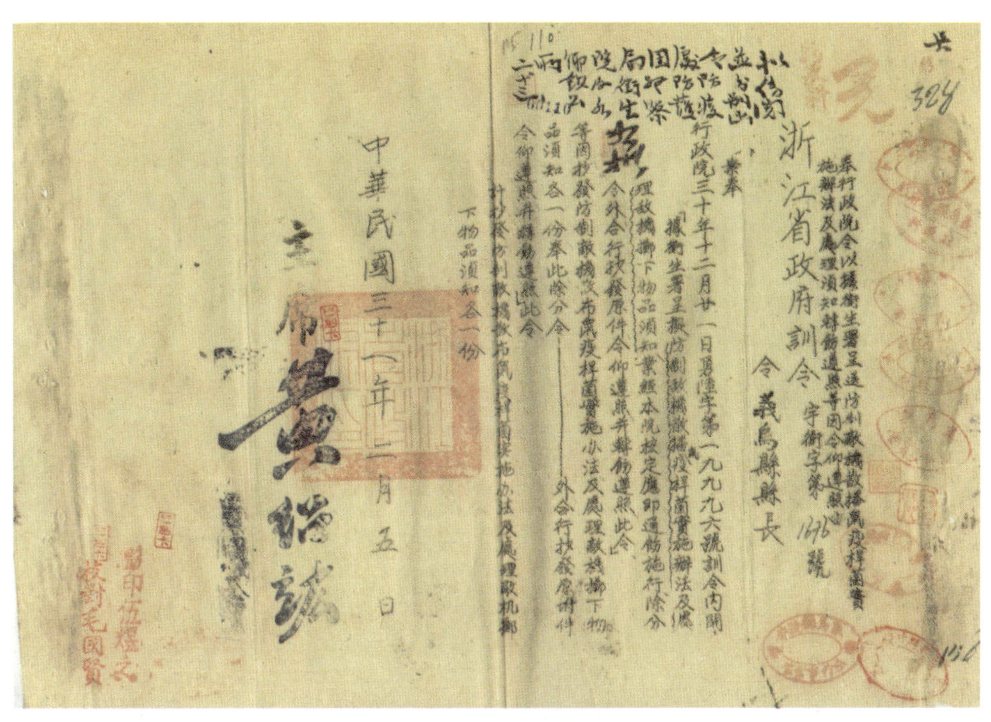
浙江省政府訓令　宇衛字第1616號

令義烏縣縣長

奉行政院令以據衛生署呈送防制敵機散播鼠疫桿菌實施辦法及處理須知材飭遵照等因令仰遵照由

案奉

行政院三十年十二月廿一日勇陸字第一九九九六號訓令內開：「據衛生署呈擬防制敵機散播鼠疫桿菌實施辦法及處理敵機擲下物品須知業經本院核定應印送飭施行除分令外合行抄發原件令仰遵照并轉飭遵照此令」等因抄發防制敵機散布鼠疫桿菌實施辦法及處理敵機擲下物品須知各一份奉此除分令外合行抄發原件令仰遵照并轉飭遵照此令

計抄發防制敵機散布鼠疫桿菌實施辦法及處理敵機擲下物品須知各一份

中華民國三十一年二月五日

主席　黄紹竑

图4-26　浙江省政府训令

（义乌市档案局藏）

1942年2月5日，浙江省政府向义乌县政府下达命令，要求防备敌机散播鼠疫杆菌及相应处理办法。

图4-27 浙江衢州设立细菌战死难民众纪念碑（2008年）

（杨彦君 摄）

图4-28 浙江义乌为纪念细菌战受害者建造的劫波亭（2008年）

（杨彦君 摄）

图4-29　侵华日军细菌战衢州受害者集会

（邱明轩供图）

图4-30　2005年，侵华日军细菌战受害者诉讼团和日本律师在东京集会

（日本ABC企划委员会提供）

图4-31 东京高等法院判决细菌战诉讼案之后，辩护律师在法庭外举起“承认细菌战事实，驳回原告请求”抗议条幅

（日本ABC企划委员会提供）

图4-32 2005年4月19日，敬兰芝（坐轮椅者）赴日诉讼，敬兰芝右侧戴眼镜者为篠塚良雄

（日本ABC企划委员会提供）

图4-33　甲第一八五五部队前身菊池部队驻地，原国民政府中央防疫处所在地

（张广胜藏）

图4-34　1940年3月23日，“北支那”防疫给水部在北京编成

（张广胜藏）

图4-35　南京荣第一六四四部队前身石井四部队创设一周年

（张广胜藏）

图4-36　西村部队（即甲第一八五五部队）成员在天津出张所（办事处）前合影
（张广胜藏）

图4-37　甲第一八五五部队成员在实验室进行检疫化验

（张广胜藏）

图4-38　新加坡冈第九四二〇部队驻地

（林少彬藏）

图4-39　关东军第一〇〇部队本部

（辽宁省档案馆编：《罪恶的“七三一”“一〇〇”——侵华日军细菌部队档案史料选编》，辽宁民族出版社，1995年）

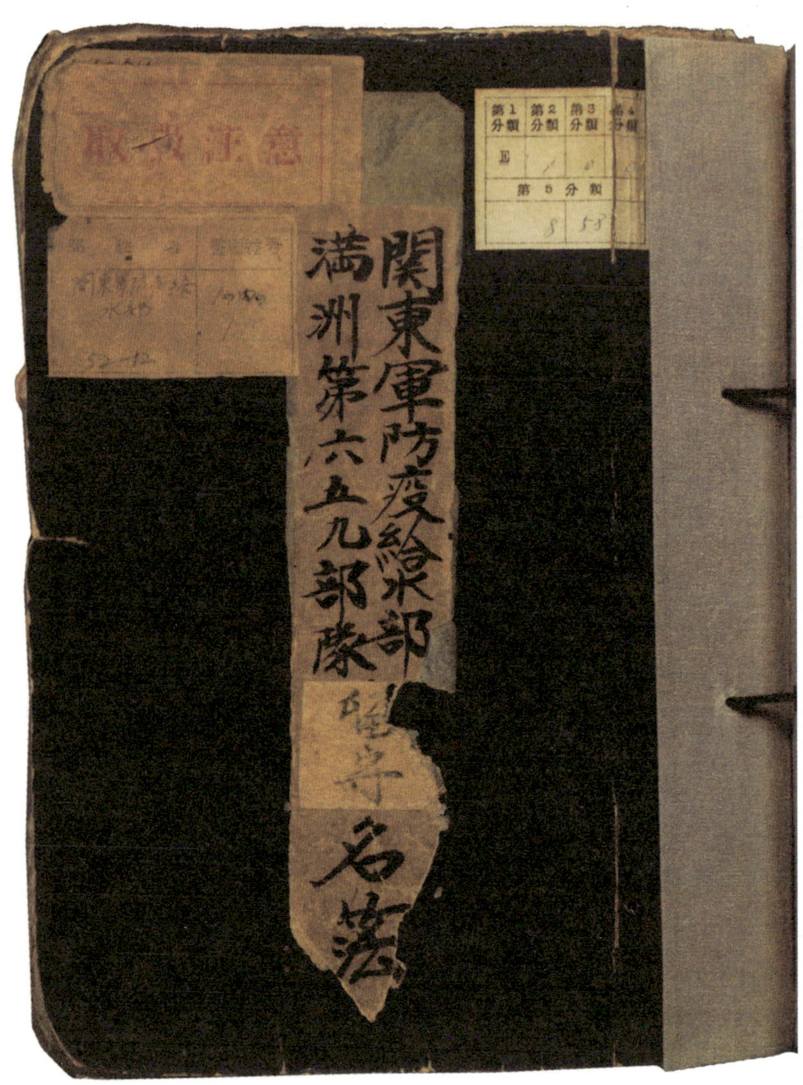

图4-40 《关东军防疫给水部留守名簿》封面（1945年1月1日）

（日本国立公文书馆藏）

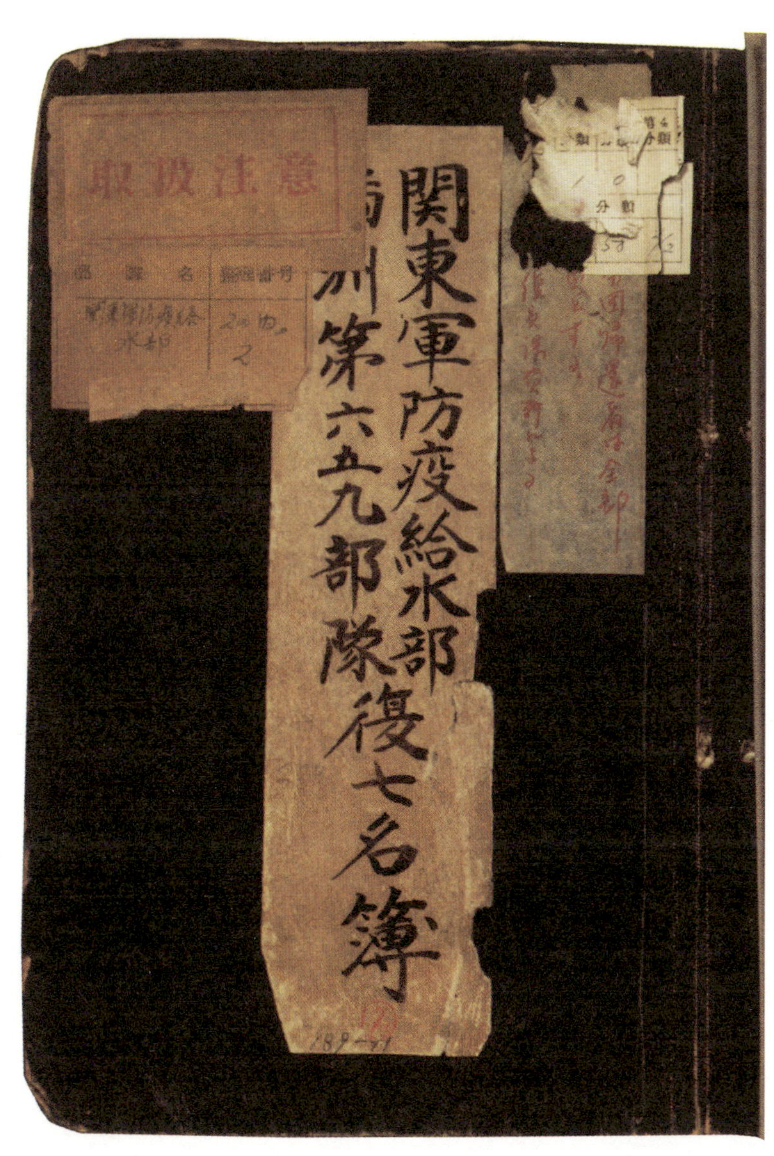

图4-41　《关东军防疫给水部复七名簿》封面（1948年8月31日）

（日本国立公文书馆藏）

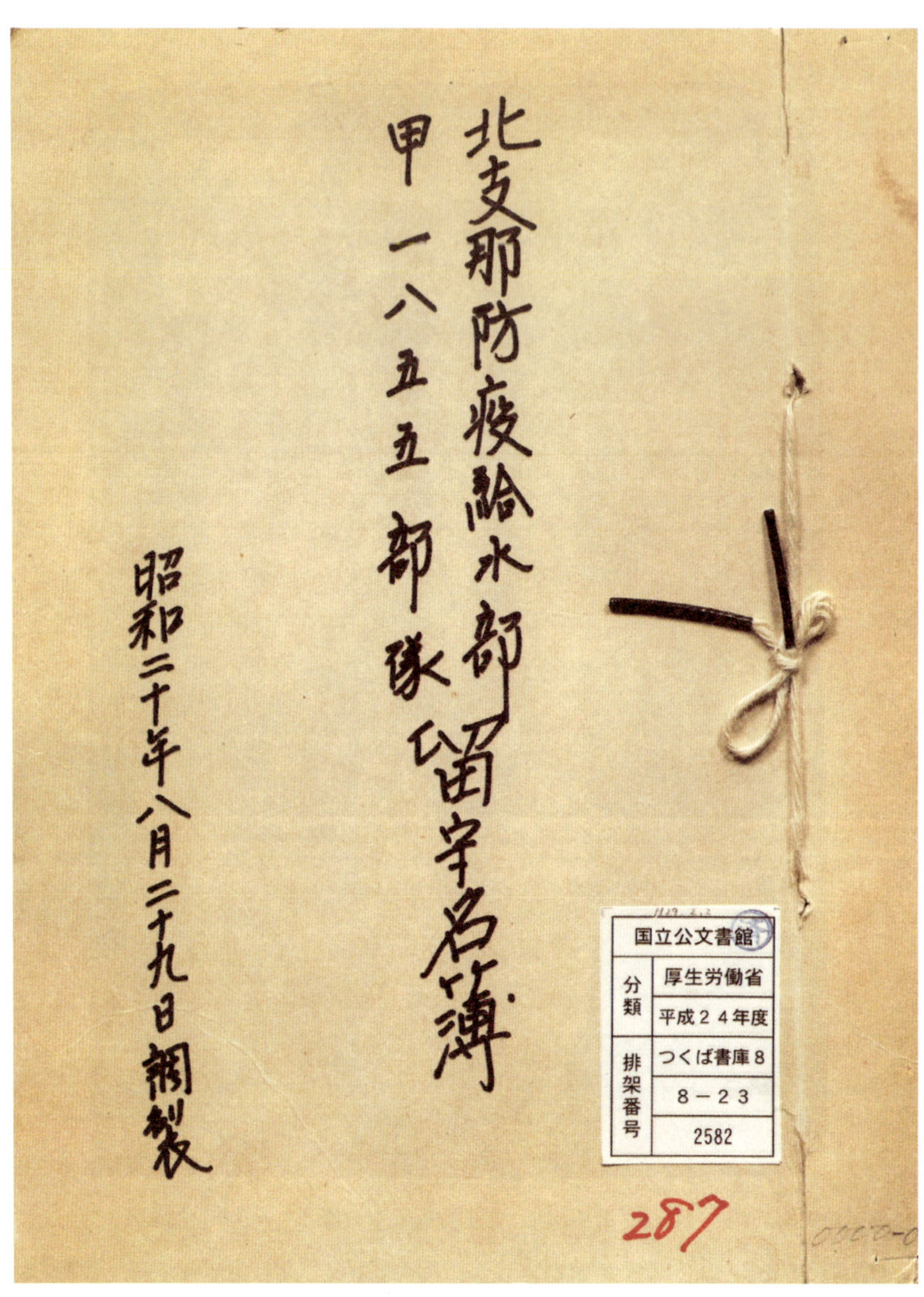

北支那防疫給水部
甲一八五五部隊
留守名簿

昭和二十年八月二十九日調製

国立公文書館	
分類	厚生労働省
	平成２４年度
排架番号	つくば書庫８
	８－２３
	2582

287

图4-42　《甲第一八五五部队留守名簿》封面（1945年8月29日）

（日本国立公文书馆藏）

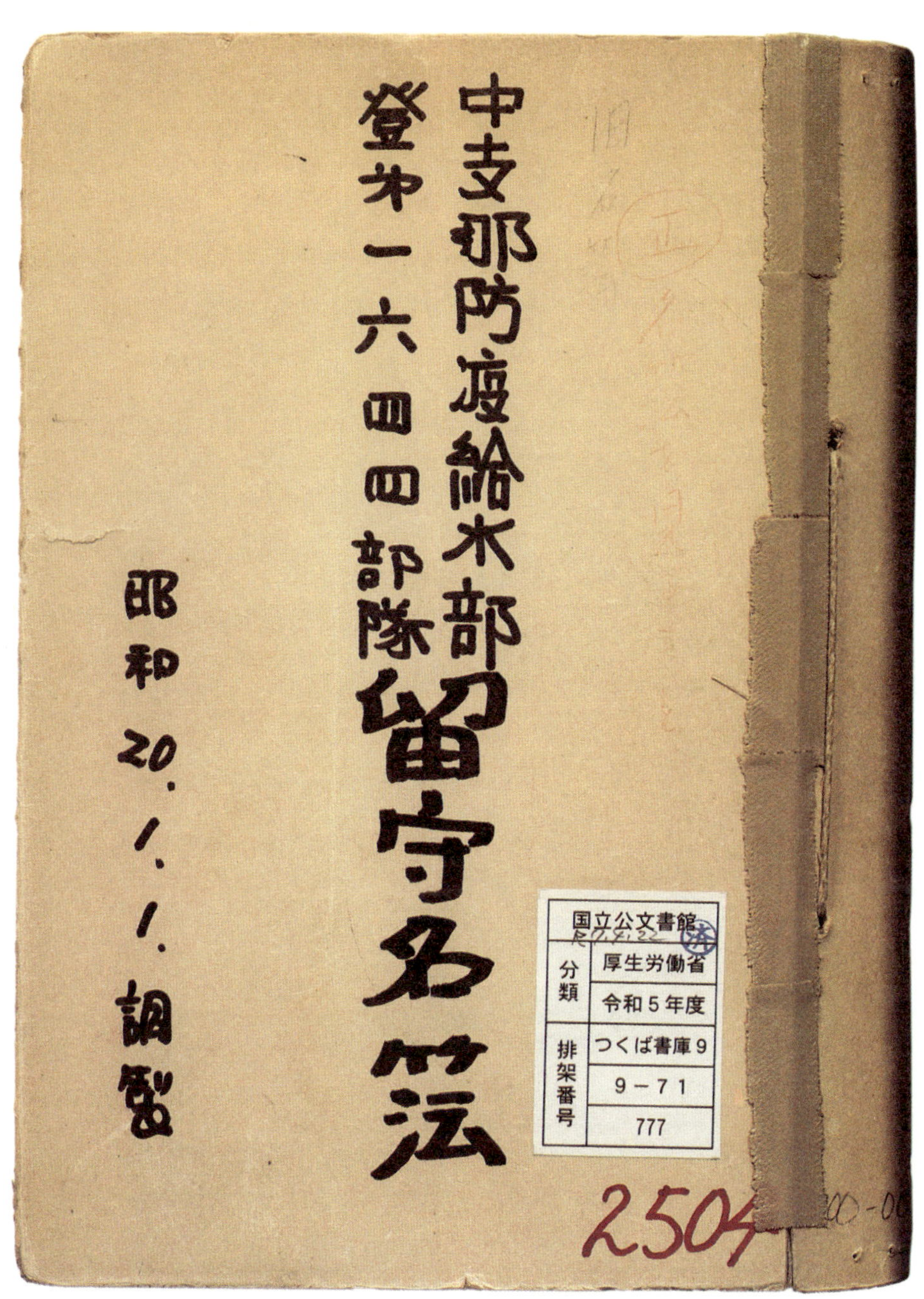

图4-43　《登第一六四四部队留守名簿》封面（1945年1月1日）

（日本国立公文书馆藏）

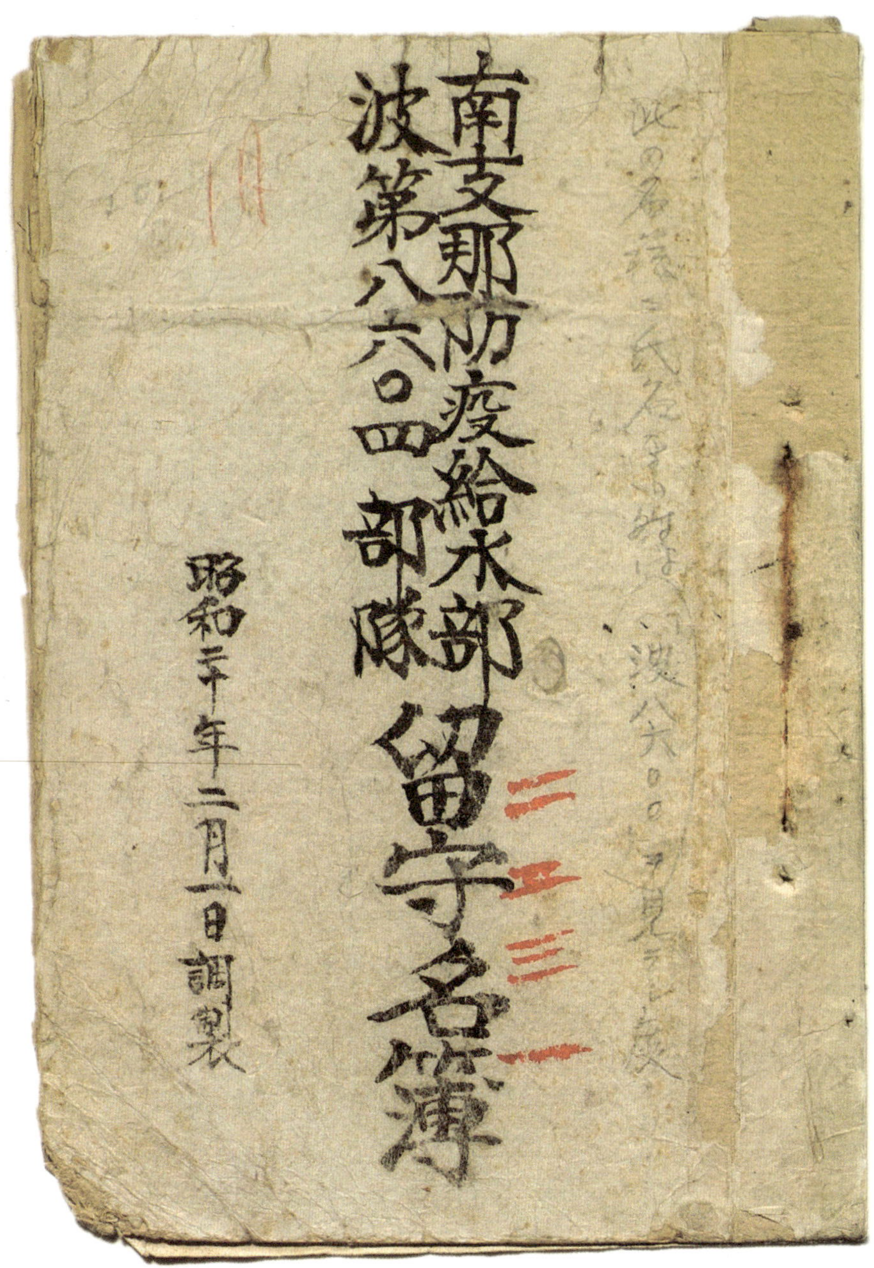

图4-44　《波第八六〇四部队留守名簿》封面（1945年2月1日）

（日本国立公文书馆藏）

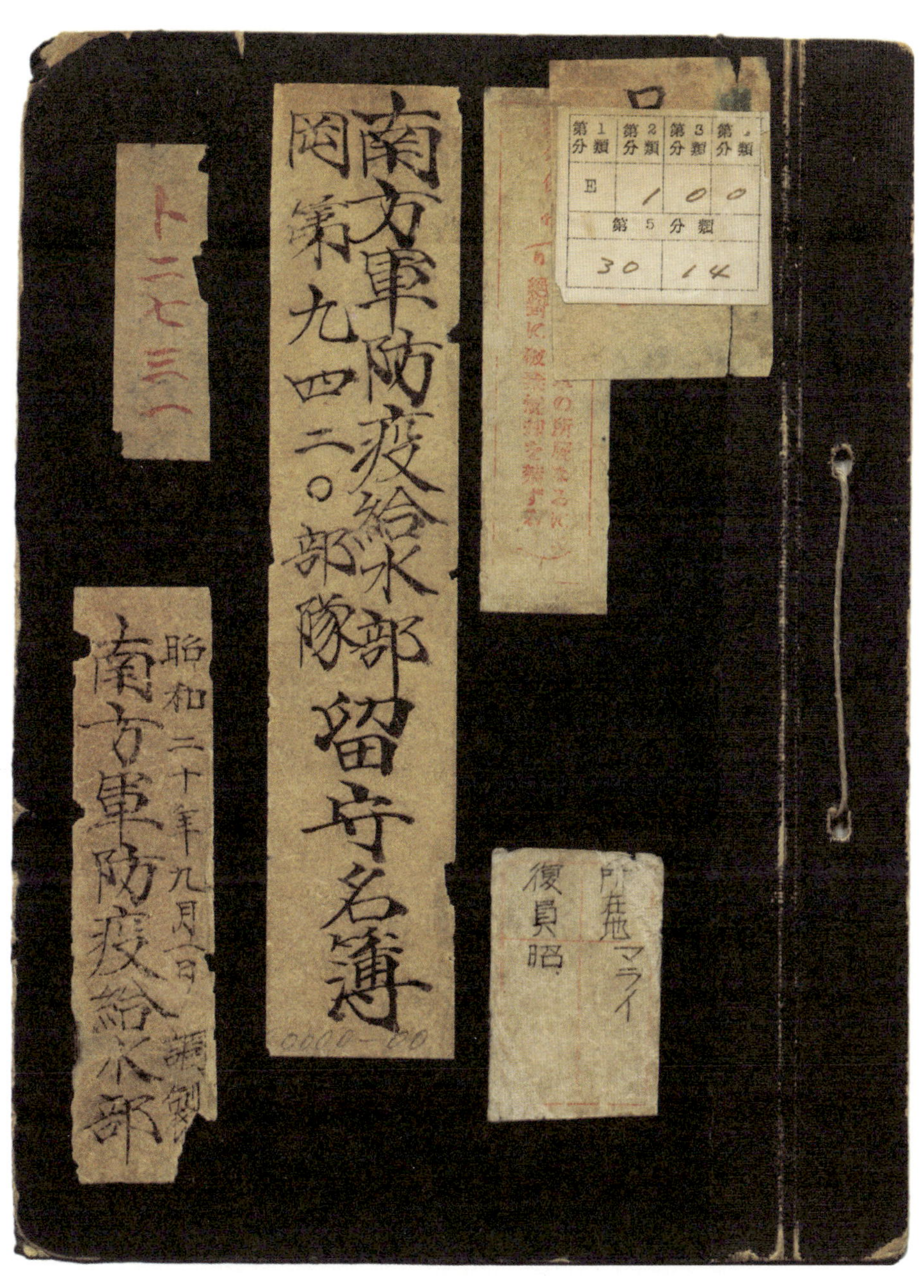

图4-45　《冈第九四二〇部队留守名簿》封面（1945年9月1日）

（日本国立公文书馆藏）

大事记

1925年6月17日

《禁止在战争中使用窒息性、毒性或其他气体和细菌作战方法的议定书》（即《日内瓦议定书》）在瑞士日内瓦签署。

1926年11月25日

北野政次在日本东京帝国大学取得医学博士学位。

1927年6月24日

石井四郎在日本京都帝国大学取得医学博士学位。

1928年4月—1930年4月

石井四郎赴欧美搜集细菌战情报。

1931年9月18日

日本关东军发动震惊中外的九一八事变。

1932年7月5日

日本陆军省批准陆军军医学校设立细菌研究室，石井四郎为主任。

1932年12月8日

日本陆军省批准经费20余万日元用于扩建陆军军医学校防疫研究室。

1933年8月

石井四郎在陆军军医学校防疫研究室基础上秘密组建石井部队，亦称加茂部队（即七三一部队前身），并在今五常市背荫河镇设细菌实验基地。

1933年12月8日

时任关东军司令部参谋远藤三郎到背荫河细菌实验基地“视察”。

1933年12月27日

石井四郎取得“滤水器用应急停水装置”发明专利。

1934年9月23日

背荫河细菌实验基地发生人体实验“受试者”的越狱行动，人体实验的秘密被揭露。

1935年8月1日

石井四郎晋升为陆军军医中佐。

1936年6月25日

“满洲第七三一部队”将6月25日作为创设纪念日。

1937年7月7日

日本发动全面侵略中国的“卢沟桥事变”。

1938年1月26日

关东宪兵队签发“关宪警第五八号”文件，规定“特别移送”办法。

1938年6月30日

关东军司令部发布了第一五三九号命令“关于在平房附近设立特别军事区域”，占地面积约120平方千米，其中七三一部队核心区域占地面积约6.1平方千米。

1939年

平房特别军事区域细菌战基地主体营建完成，加茂部队陆续迁往平房军事特别区域，原加茂部队本部作为第三部继续使用。

1939年4月18日

荣第一六四四部队在南京编成，时称石井（四）部队。

波第八六〇四部队在广州编成。

1939年7月7日

关东军司令部发布第七八号作战命令，命令七三一部队携带器材前往海拉尔、将军庙一带参加诺门罕战役，七三一部队使用霍乱、伤寒和赤痢菌污染水源地——哈拉哈河，实施细菌作战。

1940年3月23日

“北支那防疫给水部”在北京编成，即甲第一八五五部队。

1940年4月29日

哈尔滨加茂部队防疫给水部编制《各队防疫给水班勤务令案》，规定了防疫给水部的一般操作规则、编制、职责和任务。

1940年6月4日

七三一部队攻击吉林农安，使用鼠疫跳蚤0.005千克，第一次感染死亡8人，第二次感染死亡607人。

1940年6月4—7日

七三一部队攻击吉林农安、大赉，使用鼠疫跳蚤0.010千克，第一次感染死亡12人，第二次感染死亡2424人。

1940年7月25日

关东军司令部下达关东军作战命令丙字第六五九号，命令关东军野战铁道司令部沿铁道输送七三一部队“特种器材”。

1940年7月26日

关东军野战铁道司令部后勤命令第一七八号，命令哈尔滨、沈阳、锦州各分部长为七三一部队输送“特种器材”。

1940年8月

“关东军防疫部”变更代号为“关东军防疫给水部”。

1940年10月4日

七三一部队在浙江衢州实施鼠疫细菌战，使用鼠疫跳蚤8.0千克，第一次感染死亡219人，第二次感染死亡9060人。

1940年10月27日

七三一部队在浙江宁波实施鼠疫细菌战，使用鼠疫跳蚤2.0千克，第一次感染死亡104人，第二次感染死亡1450人。

1940年11月28日

七三一部队在浙江金华实施鼠疫细菌战，造成金华、义乌等地鼠疫流行。

1940年12月2日

关东军司令官梅津美治郎大将下达“关作命甲第三九八号”，命令关东军防疫给水部设立牡丹江支部、林口支部、孙吴支部、海拉尔支部。

1941年年初

关东军防疫给水部哈尔滨本部变更代号为“满洲第七三一部队”，牡丹江支部变更代号为“满洲第六四三部队”，林口支部变更代号为“满洲第一六二部队”，孙吴支部变更代号为“满洲第六七三部队”，海拉尔支部变更代号为“满洲第五四三部队”，大连支部变更代号为“满洲第三一九部队”。

1941年3月1日

石井四郎晋升为陆军军医少将。

1941年7月

“关东军特别大演习”，在“满洲”集结约70万兵力。

1941年11月4日

七三一部队对湖南常德进行鼠疫细菌攻击，使用鼠疫跳蚤1.6千克，第一次感染死亡310人，第二次感染死亡2500人。

1941年

国民政府卫生署防疫处处长容启荣撰写了《浙江鼠疫调查报告书》。

1941年12月12日

军政部战时卫生人员训练总所检验学组主任、中国红十字会总会救护总队部检验医学指导员陈文贵提交了《常德鼠疫调查报告书》。

1942年3月31日

国民政府卫生署署长金宝善将日军在中国撒播细菌的情况整理成报告，题为《日本试图在中国发起细菌战》。

1942年5月5日

南方军防疫给水部暨荣第九四二〇部队在南京编成，后转移到新加坡（通称号变更为“冈第九四二〇部队”），北川正隆为首任部队长，第二任部队长羽山良雄。

1942年7月20日

贵阳医学院王诗恒用英文撰写了《关于常德鼠疫及控制方案的报告》。

1942年8月1日

石井四郎调任“支那派遣军（太原）第一军”军医部长，北野政次任七三一部队第二任部队长。

1942年8月19—21日

七三一部队攻击江西广信、广丰、玉山，使用鼠疫跳蚤0.131千克，第一次感染死亡42人，第二次感染死亡2910人。

1942年9月

国民政府卫生署防疫处处长容启荣撰写了《防治湘西鼠疫经过报告书》。

1943年2月1日

关东军总司令部下达“关总作命丙第九八号”，命令七三一部队赴奉天盟军战俘营“防疫”；菊池齐、永山太郎等对英、美等国战俘实施了不同程度的“人体实验”。

1943年3月12日

关东宪兵队司令部警务部发布关宪高第一二〇号命令《关于特别移送的通告》，明确规定了“特别移送”实施标准。

1943年10月

大连黑石礁事件，大连宪兵队三尾丰、长沼节二等将王耀轩、王学年、李忠善、沈德龙“特别移送”至七三一部队。

1944年5月9日

关东军总司令官梅津美治郎大将“视察”七三一部队。

1945年1月1日

《关东军防疫给水部留守名簿》《登第一六四四部队留守名簿》《南方军防疫给水部留守名簿》《关东军军马防疫厂留守名簿》编成。

1945年2月1日

《波第八六〇四部队留守名簿》编成。

1945年3月1日

石井四郎重任七三一部队长，晋升为陆军军医中将，北野政次调任中国派遣军第十三军军医部长。

1945年8月9—14日

七三一部队销毁细菌战和人体实验犯罪证据，炸毁本部及支部主要建筑设施，多数成员经朝鲜半岛逃回日本。

1945年8月15日

日本天皇裕仁以广播《终战诏书》的形式，宣布接受《波茨坦公告》，无条件投降。

1945年9月2日

日本外相重光葵、参谋总长梅津美治郎代表日本在东京湾密苏里号战列舰上签署投降书。

1945年9月9日

日本代表冈村宁次在南京签字，向中国政府投降。

1945年8月29日

《甲第一八五五部队留守名簿》编成。

1945年9月

美国德特里克基地桑德斯中校赴日本调查细菌战，完成《日本科学情报调查报告》(即《桑德斯报告》)。

1946年2月

美国德特里克基地汤普森中校赴日本调查生物战，完成《关于日本生物战活动的报告》(即《汤普森报告》)。

1947年6月20日

美国德特里克基地费尔博士赴日本调查生物战，完成《日本生物战活动最新资料概要》(即《费尔报告》)。

1947年10月28日

美国德特里克基地希尔赴日本调查生物战，完成《关于生物战调查的总结报告》(即《希尔报告》)。

1949年12月25—30日

苏联在哈巴罗夫斯克市设立滨海军区军事法庭，对山田乙三、梶塚隆二、川岛清、西俊英、柄泽十三夫、尾上正男、佐藤俊二、高桥隆笃、平樱全作、三友一男、菊地则光、久留岛祐司12名日本战犯进行公开审判，即伯力审判。审判结束之后，苏联将《前日本陆军军人因准备和使用细菌武器被控案审判材料》以俄、中、德、英、日、韩等多国文字公开出版，全书涵盖起诉书、被告供词、证人证词、文件证据、公诉人演说词及判决书等内容。

1955年8月13日

七三一部队第一个“战友会”之“精魂会”成立。

1956年6—7月

中华人民共和国最高人民法院特别军事法庭在沈阳和太原开庭公开审判45名日本战犯，七三一部队林口支部长榊原秀夫受审。

1957年11月15日

七三一部队“战友会”之“房友会”成立。

1959年10月9日

石井四郎病死于东京。

1981年5月15日

常石敬一的《消失的细菌战部队：关东军第731部队》由日本海鸣社出版。

1981年7月19日—10月3日

日本作家森村诚一撰写的《魔鬼的乐园》在《赤旗报》连载。

1981年10月

美国记者约翰·威廉·鲍威尔（John William Powell）在《原子科学家公报》上发表《历史上被隐瞒的一章》一文，首次揭示了美国和日本围绕七三一部队细菌战情报的秘密交易。

1981年11月30日

森村诚一的《恶魔的饱食》由日本光文社出版，并被译成中文和俄文，在国际社会引起了强烈反响。

1982年12月1日

哈尔滨市平房区文物管理所成立，哈尔滨市开始全面保护七三一部队遗址。

1983年3月7日

七三一部队遗址列入黑龙江省级文物保护单位。

1984年12月6日

七三一部队原成员吉村寿人出版《喜寿回顾》(私家版)。

1985年8月15日

侵华日军第七三一部队罪证陈列馆首次对外开放。

1986年5月17日

北野政次病死于东京。

1988年12月

电影《黑太阳七三一》公映。

1989年7月22日

日本陆军军医学校卫生学教研室遗址处发现近百具人骨，民间团体“军医学校遗址发现人骨问题究明会”随后成立，常石敬一为代表。

1989年9月

中央档案馆、中国第二历史档案馆、吉林省社会科学院合编《日本帝国主义侵华档案资料选编——细菌战与毒气战》，由中华书局出版。

1991年8月20日

田中明、松村高夫的《七三一部队作成资料》由日本不二出版社出版。

1993年6月

吉见义明、伊香俊哉在日本防卫厅防卫研究所图书馆发现《井本日志》。

1994年

谢尔顿H.哈里斯的《死亡工厂：1932—1945年日本生物战与美国的掩盖》由美国Routledge出版社出版发行，日文版于1999年由柏书房出版，中文版于2000年由上海人民出版社出版。

1994年5月

常石敬一的《医学者们的组织犯罪：关东军第七三一部队》由日本朝日新闻社出版。

1995年7月15日

“恶魔的饱食”合唱团在埼玉县第一次公演。

1995年7月31日

黑龙江省社会科学院、日本日中友好协会在哈尔滨共同举办了“反对侵略　维护和平”座谈会。

1995年7月

辽宁省档案馆编《罪恶的“七三一”“一〇〇”——侵华日军细菌部队档案史料选编》由辽宁民族出版社出版。

1995年8月7日

七三一部队人体实验受害者家属敬兰芝、王亦兵等向东京地方法院递交诉状，向日本政府提起诉讼；1999年9月22日，东京地方法院做出一审判决，2005年4月19日，东京高等法院做出二审判决，均承认七三一部队人体实验加害事实存在，但驳回了原告诉讼请求；2007年5月10日，日本最高法院做出“驳回上诉，对本案上诉不予受理”的最终裁定。

1995年8月15日

侵华日军第七三一部队罪证陈列馆新馆建成并对外开放。

1997年8月11日

“侵华日军细菌战中国受害者诉讼原告团”向日本东京地方法院递交诉状，对日本政府提起诉讼；2002年8月27日，东京地方法院做出一审判决，2005年7月19日，东京高等法院做出二审判决，两次判决均承认细菌战犯罪事实，但驳回原告诉讼请求；2007年5月9日，日本最高法院做出“驳回上诉，对本案上诉不予受理”的最终裁定。

1999年8月2日

黑龙江省人民政府召开新闻发布会公布黑龙江省档案馆保存的“特别移送”档案66件。

1999年12月

日本民间成立“七三一部队遗址登录世界遗产研究会”。

七三一部队展和毒气展合二为一，改名为“ABC企划委员会”，A为原子（Atomic）、B为生物（Biological）、C为化学（Chemical）的英文缩写。

2000年6月17日

15年战争与日本医学医疗研究会成立。

2000年7月

七三一部队遗址保护开发领导小组、哈尔滨电视台共同完成了赴日本跨国取证，采访七三一部队原成员20余人。

2001年4月28日

哈尔滨市社会科学院设立七三一研究所。

2001年9月6日

吉林省档案馆召开新闻发布会公布“特别移送”档案80余件。

2001年9月18日

湖南文理学院细菌战罪行研究所成立。

2001年10—11月

七三一部队遗址保护开发领导小组、哈尔滨报业集团共同完成第二次赴日本跨国取证。

2001年12月

黑龙江省档案馆、黑龙江对外友好协会、日本ABC企划委员会共同编辑出版《“731”部队罪行铁证——关东宪兵队“特别移送”档案》。

2002年12月7日

湖南文理学院召开“细菌战罪行国际学术研讨会”。

2003年11月

近藤昭二的《731部队细菌战资料集成》（CD-ROM版）由日本柏书房出版。

2004年5月

陆军军医学校防疫研究室编《陆军军医学校防疫研究报告（第2部）》（8卷本，复刻版）由日本不二出版社出版。

2005年9月3日

哈尔滨市社会科学院举办首次侵华日军细菌战与毒气战国际学术研讨会。

2006年5月25日

侵华日军第七三一部队旧址列入全国重点文物保护单位。

2006年10月18日

哈尔滨市社会科学院、韩国碑林园、韩国忠清大学在韩国清州共同举办第二次七三一部队罪行国际研讨会。

2006年11月18日

湖南文理学院主办的“日本细菌战罪行国际学术研讨会”在湖南常德召开。

2007年9月4日

哈尔滨市社会科学院、蒙古国国防大学在蒙古国乌兰巴托市联合主办了“历史教训与当今时代——二战期间化学和细菌武器实验国际研讨会”。

2008年8月

《京都大学医学部病理学教研室百年史》刊行。

2008年9月18日

哈尔滨市社会科学院、侵华日军第七三一部队罪证陈列馆联合主办的第四次七三一部队罪行国际学术研讨会在哈尔滨召开。

2011年8月15—21日

为纪念抗日战争胜利65周年，黑龙江省委宣传部、黑龙江电视台联合摄制的文献纪录片《日本细菌战》（7集）在中央电视台纪录频道播出。

2011年10月15日

奈须重雄在日本东京举办的“细菌战受害者证言听证会”上，首次公布七三一部队军医少佐金子顺一撰写的8篇细菌战报告。

2012年9月

侵华日军第七三一部队旧址列入《中国世界文化遗产预备名单》。

2012年11月17日

“战争与医学伦理检证推进会”在京都大学百年纪念馆举办了“战争与医学伦理——德国与日本的检证史之比较”国际研讨会。

2013年10月10日

七三一部队专题展在韩国独立纪念馆展出。

2014年2月27日

十二届全国人大常委会第七次会议决定将9月3日设立为中国人民抗日战争胜利纪念日，将12月13日设立为南京大屠杀死难者国家公祭日。

2014年7月25日

西山胜夫的《战争与医学》由日本文理阁出版。

2015年8月15日

侵华日军第七三一部队旧址及新馆全面开放。

《侵华日军第七三一部队罪行实录》(60册)由中国和平出版社出版。

15年战争与日本医学医疗研究会编辑的《NO MORE 731：日本军细菌战部队——究明医学者及医生们的良心》由日本文理阁出版。

2015年8月31—9月2日

中央电视台大型文献纪录片《731》(5集)播出。

2015年9月24日

哈尔滨市社会科学院、侵华日军第七三一部队罪证陈列馆联合主办的第五次七三一部队罪行国际学术研讨会在哈尔滨召开。

为纪念抗日战争胜利70周年，日本民间团体“恶魔的饱食”合唱团受邀在哈尔滨音乐厅公演。

2016年8月15日

15年战争与日本医学医疗研究会编辑的《战争·731与大学·医科大学》由日本文理阁出版。

2016年8月25日

美国国家地理频道《纳粹世界大战之谜：秘密跳蚤炸弹》摄制组拍摄的七三一部队专题纪录片在海外播出。

2017年8月13日

日本广播协会（NHK）电视台播出纪录片《731部队的真相——精英医者与人体实验》。

2017年12月29日

侵华日军第七三一部队罪证陈列馆、俄罗斯卫国战争中央博物馆在莫斯科联合举办“反人类暴行：侵华日军第七三一部队罪证展”。

2018年1月21日

日本广播协会（NHK）电视台播出纪录片《七三一部队前编：人体实验是这样展开的》《七三一部队后编：原队员们的真实面目》。

2018年5月

杨彦君、谭汝谦的《七三一部队：魔鬼实验室·东方奥斯威辛》（Unit 731：Laboratory of the Devil, Auschwitz of the East）由英国Fonthill Media出版。

2018年12月

《侵华日军第七三一部队旧址细菌实验室及特设监狱考古发掘报告》由科学出版社出版。

2019年9月

加拿大多伦多大学图书馆举办“战时亚洲的医学暴行”专题展览。

2021年4月

《关东军防疫给水部留守名簿》《甲第一八五五部队留守名簿》《关东军防疫给水部复七名簿》由中央编译出版社、上海交通大学出版社联合出版。

2021年7月

黑龙江省档案馆编《侵华日军关东宪兵队“特殊输送”档案汇编》由中华书局出版。

2022年2月

常石敬一的《731部队全史——石井机关与军学官产共同体》由日本高文研出版。

2022年4月

《七三一部队与大学》由日本京都大学学术出版会出版。

2022年7月

《南方军防疫给水部留守名簿》由中央编译出版社、上海交通大学出版社联合出版。

2023年9月

黑龙江广播电视台拍摄的10集纪录片《七三一真相》于9月3日-12日在中央电视台纪录频道播出。

2024年8月13日

日本民间团体“大阪府保险医协会”到访侵华日军第七三一部队罪证陈列馆，原七三一部队少年班成员清水英男随团参观。

2024年11月

杭州师范大学主办的“追责侵华日军细菌战罪行——伯力审判75周年纪念工作坊”在杭州召开。

2025年7月

中央广播电视总台拍摄的5集纪录片《国家记忆·侵华日军生化战毒迹》于7月7日–11日在中央电视台中文国际频道播出。

杨彦君著作《731：医学的沦陷》由中华书局出版发行。